中村和彦 著
松尾陽子 マンガ

マンガでやさしくわかる組織開発

Organization Development

日本能率協会マネジメントセンター

はじめに

この本を手にとってくださった方は、きっとご自身の職場や組織がうまくいっていないなぁ、と感じている、または、もっといい職場や組織になることを願っているのではないかと思います。そして、職場や組織をどのようによくしていけばいいかわからない、と手をこまねいている方も多いことでしょう。

職場や組織をよくしていくために何をしたらよいのかというヒントが**「組織開発」**にあります。

ただ、組織開発というのはひとつの手法ではなく、いろいろな手法や考え方のひとまとまりに付けられたラベルのようなものです。たとえば、「球技」というラベルは、野球やサッカー、卓球などという、ボールを用いた競技のひとまとまりに対して付けられていきます。組織開発は「球技」のようなラベルだとお考えください。

日本の企業で組織開発という言葉がよく使われるようになったのは2015年以降ぐらいからだと思います。それ以前には、職場や組織をよくしていくことを目指した取り組みに対して、「職場活性化」「組織活性化」などのラベルが使われていました（今でもそう呼ばれます）。

なので、組織開発は、職場活性化や組織活性化とほぼ同じだと捉えてください。

組織開発というラベルは、世界的に用いられている用語、organization development の日本語訳です。組織開発は1958年頃にアメリカで誕生し、欧米を中心に発展してきた、いろいろな理論と手法の集合体です。現在でも、組織開発の新しい理論や手法が提唱され、発展し続けています。そして今、日本企業も、組織開発の取り組みを実践し、組織開発の専門部署を設けるところが増えてきています。

なぜ今、組織開発に取り組む日本企業が増えているのでしょうか。それは、職場や組織の中で、**社員がお互いに信頼し、協働し、活き活きと働くことが難しくなっているた**めだと考えています。

その背景にはいくつかの原因があります。以下では3つの原因について述べていきます。

（1）一人で仕事をする「おひとりさま業務」（＝個業）が増えている

マネジャーが一人ひとりに仕事を分け、各自が自分に割り当てられた仕事をする（他の人はその人が携わっている仕事のことがわからない）という仕事の仕方です。そして、仕事の多忙化や働き方改革の影響で、抱えた仕事を効率的に一人でこなさなければならない状況が増えています。サポートする人がいないためにストレスが高まり、メンタルヘルスの問題につながっていく可能性があります。

(2) 職場のダイバーシティが高まっている

年齢、性別、障がいの有無、国籍、雇用形態などが異なった、多様な人たちが職場にいて、言葉、考え方、仕事の進め方、仕事に対する価値観などが違うことで、関わることや協働が難しくなっています。多様な人たちがチームとして働くことで、新たな発想が生まれやすいという利点がありますが、そのためには〝違い〟を乗り越えて協働できるようになるための働きかけが必要です。

(3) 効率化や働き方改革の影響で、話し合いの時間が短くなっている

複数の人で仕事をして、お互いに協力していくためには、①仕事の内容を共有する、②仕事の進め方を共有して合意する、③自分自身がまわりにどういう影響を与えているのか、また、まわりからどういう影響を受けているのかを理解することが必要です。しかし、コミュニケーションの時間が短くなる(またはメールによるコミュニケーションが中心になる）と、コミュニケーションの内容は仕事の内容のみとなる傾向があります。仕事の内容しか話されないと、仕事の進め方やお互いの意図・思いにズレが生じやすくなり、葛藤が生まれ、うまく協働できなくなります。

今後、リモートワークが増えると、協働はさらに難しくなっていくでしょう。


つまり、現在の職場を取り巻く状況には、お互いを信頼し、協働し、活き活きと働くことを阻む要因が数多くあります。日本において、**かつてなかったほど、職場活性化やチームワークのマネジメントが難しい状況である**とも言えます。

そのような状況の中、**職場でのチームワークや協働性が高まり、活き活きと働くことができる職場や組織にしていくアプローチ**として、組織開発が注目されています。


先に述べたように、組織開発にはさまざまな理論と手法が含まれています。本書は、組織開発の中の、あるひとつの手法や進め方を具体的に解説するものではありません。組織開発の基本を理解していただくために、その**基本的な進め方や、組織開発で大切にされている考え方や姿勢、対話や変化についての考え方**を紹介しています。

本書をお読みいただき、物語における中心的な登場人物である店長、魁《さきがけ》さんや他の人たちの変化を感じながら、組織開発の取り組みがどのように進んでいくのか、人のありようや話し合いのされ方、関わり方がどのように変化していくのかをご理解いただけると幸いです。

2019年6月吉日

中村和彦

マンガでやさしくわかる組織開発

目次

Part 2 チェンジエージェントとしてのコアチーム

Prologue

問題が起こっているのに変わらない職場

Story 0　変わらない職場

もうダメだ
何をやっても
変わらない…
手詰まりだ…
どうして
こんなことに
なったんだ…
数ヶ月前
大賀自動車本社
店長
…ですか？
ここ…
業績はいいはず
ですよね？
店長／営業
魁《さきがけ》 忠治《ちゅうじ》
人事部
そう
この店舗に
行って
もらいたい

人事部
ああ
業績はいいんだが…
休職・退職の数は
他の店舗より多い
…妙な
店舗ですね
このままにして
おけばこの店は
いずれ業績も
落ちていくだろう
なるほど
理解しました
私がこの店舗の
不安因子を
排除すれば
いいのですね
TAIGA 大賀自動車
君の実力を
見込んで
頼む——

ディーラーの仕事は実に多忙だ
自動車の販売・営業に加え
車の点検 保険の営業・販売・更新など
これらの数字を毎日、いや毎時間いや毎分単位で追わなければならない
ひーっ
だからこそ そのすべてをまとめ管理する店長の実力が
業績として そのまま結果に反映されるのだ
今日から新店長として赴任しました魁です
よろしく

マネジャー／営業
明本《あけもと》 知彦《かずひこ》
よろしくお願いします
営業
花見《はなみ》 利次《としつぐ》
エンジニア
箱部《はこべ》 真《まこと》
営業
広瀬《ひろせ》 裕美《ゆみ》
マネジャー／サービス
丹羽《にわ》 徹《とおる》

今月の営業目標
外回り行ってきます
行ってらっしゃい
広瀬くんお茶
……はい
ちょっと困るなぁ！
花見これもコピー
あ、はい……
何だ？

点検するって
わかってるん
だからさ〜
ちょっと
準備してくれても
いいんじゃない？
こっちは
忙しいんです！
どうした？
何か
トラブルか？
あー
大丈夫
大丈夫
何でも
ないんで……
どの店も
そうだけど
ここは特に
営業と
エンジニアの
仲が悪そうだ……

戻りました
おかえり
ガタン
……
社員同士の会話がまるでない……
ずいぶんクールな職場なんだな
カタ
……
カタ
……
ガー
いらっしゃいませー
ハッ
……そうか!!
あー 君じゃわからないだろうから他の人呼んで
一人ひとりが自分の仕事のことだけを考えていて、社員同士の関わりや活気がないことが問題では?!

社員同士が もっと積極的に 関わり合う 活気のある 職場にすれば……！
そうとわかれば 参考になりそうな 本をいくつか ピックアップして……
カタカタ
よし ダウンロード完了
今夜は これを読破して 対策を練ろう
翌日
大賀自動車販売
TAIGA

今日から
月イチだった朝会を
毎日実施します
皆さん積極的に
意見交換を
しましょう
……
……
どうかな？
明本さん
私としては
数字をあげて
くれれば
何も
花見くん
ボ、ボクも
別に……
ああ、そう……
反応はイマイチか……
別の方法も試そう

数日後
今日は中期経営計画をみんなでもう一回読んでみたい
この用紙に2年後 3年後のビジョンを書き出してくれ

そ　そういえば今週から山崎くんが休職だったな
彼の担当の仕事はどうするか……
山崎の担当していた仕事だ
各自で対応するように
……はい
えっ
……はい
どうして仕事が増えても文句ひとつ出ない？
なぜ誰もコミュニケーションをとろうとしない？
……もしかしてオレが何をやっても
ここは永久に変わらないんじゃ……

呑み処 組織開発
……おい
おい、魁
はっ
あ、ああ 何か言ったか?
……
そうだ 話を聞いてもらおうと
何だよ 聞いてなかったのかよ
経営企画課にいたときの同僚を飲みに誘ったんだった……
厄介な店舗の立て直しを頼まれたって聞いたけど
やっぱりいろいろ大変なのか?
ああ……
……何をやっても手応えがなくてな……

そうか……数字はどうなんだ？
……少しずつ落ちている
それはかえってまずいな
だから何か……
現状を打破するインパクトファクターがないかと……
……うーん
あ、そうだ
人事部の組織開発チームにはもう相談したのか？
……！
そうか！そこがあった！

組織開発チームとは――
おはよう
……
しん……
俺も詳しくは知らないが職場の人間関係をよくするところ――だったと思う
社内ネットにアドレスがあったはず
カタ
カタ
カタ
カタ
だからつい最近までは自分には関係のないところだと思っていた
職場環境についてのご相談はこちらへ
人事部組織開発チー
aaa@mail.ne.jp
報システム部
らのお知らせ
これだ
緑岡店店長の魁です
店舗の活性化のことで
相談したいことがあるので
お時間をいただけません
でしょうか
送信
これがダメならもう本当に後がないぞ……
カチャ
ポーン
新着メール
1件
あっ

数日後
大賀自動車本社
ミーティング
003
使用中
コンコン
お待たせしました
魁さんですね？
は、はい！
！

魁さんが店長として赴任した店舗は、業績はよいけれど、次のような問題がありました。

・社員間の会話がない、コミュニケーションをとろうとしない
・活気がない雰囲気
・休職者・退職者の数が多い
・営業とエンジニアの間でトラブルが起こっている

魁さんは、まずは営業部門で起こっている問題に対処するために、インターネットで解決方法を調べ、朝会を導入したり、中期経営計画にそった個人ビジョンの策定ワークを行ったりします。しかし、どちらもうまくいかないばかりか、それらの取り組みに対する社員の反応すらも返ってきません。

この店舗のように、コミュニケーションが少ない、活気がない、社員間でトラブルが起こっている、などという、人間関係の問題がある職場は多いと思われます。さまざまな調査でも、離職の理由のトップに「人間関係」が挙がってきます。

職場の人間関係の問題を解決して、活性化した職場になればと願う一方で、**既存の解決方法を実施しても、なかなかうまくいかないことが多い**のが現実です。

このPartでは、職場や組織の人間関係的な問題をどのように捉えればよいのか、そして、既存の解決策をそのまま実施しても、うまくいかないのはなぜかを考えていきましょう。

マンガのように、何から手を付ければいいかわからない、と悩む職場も多いと思われる

0-1

職場や組織の「人間的側面」とは

◆組織の「ハードな側面」と「ソフトな側面」

職場や組織には、公式的な**ハードな側面**と、非公式的な**ソフトな側面**があるとされています。組織心理学では、公式組織と非公式組織、または、組織のハードな構造とソフトな構造という用語で説明されています。

ハードな側面とは、決まりごととして明文化された組織の構造（部門や部署）、戦略や中期経営計画、職階級制度、人事制度、職務内容、マニュアル化された業務手順、ＩＴシステム、業績の結果などです。これらの情報は文書や社内ネット上ですぐに調べることができるので、目に見えやすいものです。また、文字化されているので、書いてある言葉を読むことができれば、人によって見え方が違うということは起きません（もちろん、人によって意味づけや解釈は異なってきますが）。

一方のソフトな側面とは、人々の心の中で起こっていることや行動として現れることです。たとえば、コミュニケーションのありよう、意思決定のされ方、信頼、協働、競争、勢力などのお互いの関係性、リーダーシップのありよう、目標や戦略の共有や浸透、モチベーションや気持ち、思い込みや前提、雰囲気や活気、風土や文化、などが挙げられます。これらは、個人の中で起こっていること、または、人と人との間で起こっていることであり、職場や組織の中の**「人間的側面」**とも呼べます。

人間的側面で起こっていることは文字化されておらず、目に見えにくいた

図表0-1　組織のハードな側面とソフトな側面

ハードな側面	ソフトな側面
組織の構造、戦略、中期経営計画、人事制度、マニュアル、IT システム、業績の結果　など	コミュニケーションのありよう、意思決定のされ方、お互いの関係性、モチベーション、思い込み、雰囲気、風土や文化　など

め、人によって見え方や捉え方が違うことが多いです。たとえば、職場のある人は「職場の風通しが悪い」と感じている一方で、他の人は「コミュニケーションは良好だ」と感じている、などのケースは一例です。このように、職場の全員が同じように問題を感じるのではなく、一部の人のみが「自分たちの職場は人間的側面の問題を抱えている」と認識することがあります。**目に見えにくく、人によって認識が異なる**のが、職場や組織のソフトな側面（人間的側面）の特徴です。

◆人間的側面のマネジメントが求められる理由

図表0-2にあるように、職場や組織のハード面とソフト面は氷山の図でたとえられます。氷山の海面上にはハード面が、水面下にはソフト面である人間的側面が描かれています。氷山の海面上に表れた部分が目に見えやすいように、**ハード面は目が向きやすい一方で、氷山の水面下にある人間的側面は目に見えにくい**（人の心の中で起こっていて、すべてが言語化されているわけではないので）ものです。

図表0-2では、これらの二面について、個人レベル、職場レベル、組織レベルでどのような要素があるかを示しました。

図表0-2　組織内の各レベルでのハードな側面とソフトな側面（人間的側面）の諸要素

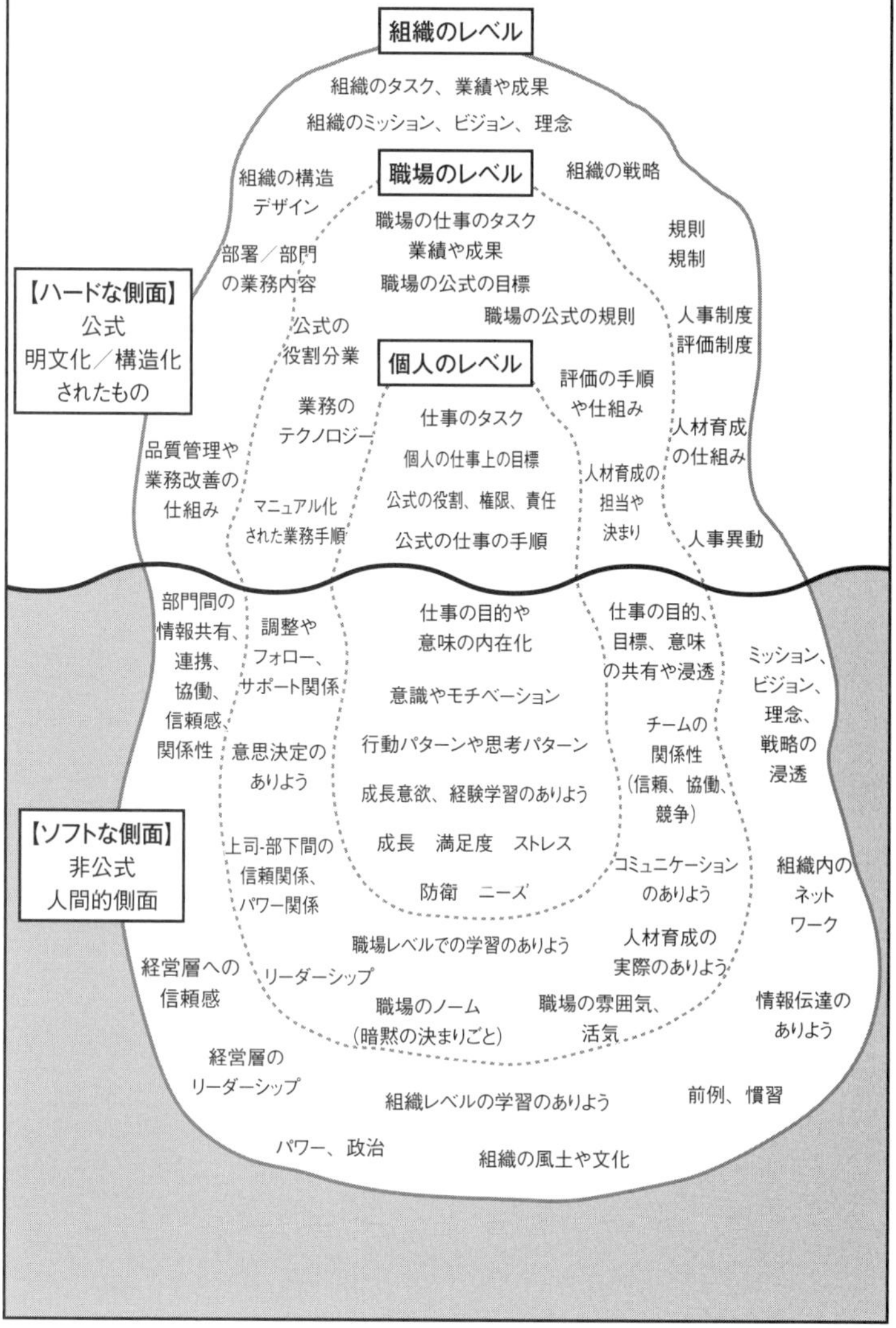

マネジャーは自分の職場やチームの業績をあげるために、公式の目標や役割を定め、業務手順を明確にし、ルールに従って部下の評価をしていきます。しかし、そのようなハード面のマネジメントがうまく機能すれば、それだけで業績があがるわけではありません。人間的側面で起こっていること、たとえば、仕事の目的の腹落ち感やモチベーション、職場内の協力関係やサポートが、業績や成果に影響していきます。職場の人間的側面で問題が起こっていて、それに気づかないままで問題が継続すると、生産性が高まらないだけではなく、メンタルヘルスの問題や休職者・退職者の増加につながっていきます。つまり、**職場内の人間的側面のマネジメントは、マネジャーにとって重要な課題**なのです。

人間的側面で起こる問題に対処し、より活性化した職場づくりのために、コーチング、1on1、会議ファシリテーションなどの手法を研修で学んだことがある方も多いことでしょう。手法を学び、それを実践することにも意味がありますが、そこには落とし穴があります（店長の魁さんがインターネットで調べた手法を導入して、うまくいかなかったストーリーのように）。

では、**なぜ職場や組織で起こる人間的側面の問題に対処するために、既存の手法をそのまま導入して取り組むだけではうまくいかないのでしょうか**。次のページからは、その理由を説明していきます。

0-2

「技術的問題」と「適応課題」

◆問題には2つの側面がある

リーダーシップの研究者ロナルド・ハイフェッツは、世の中で起こる問題には、**「技術的問題」**と**「適応を要する課題」**があることを主張しました。「適応を要する課題」という用語は長いので、本書では以下で**「適応課題」**と記しています。

「技術的問題」と「適応課題」についての簡単な説明を図表0-3に示しました。

「技術的問題」とは、**モノや機械の故障、製造のメカニカルなトラブルや開発の技術的な改善課題、個人のスキルがないなどの問題**です。モノや機械のメカニカルな問題は、原因をつかむことができれば、既存の解決策を用いて解決することができます。また、スキルがないことによる問題とは、たとえばパソコンのソフトを使いこなすスキルがない、プレゼンテーションやコミュニケーションのスキルがない、などで、そのスキルを習得することによって問題を解決できます。

図表0-3　技術的問題と適応課題

技術的問題 （テクニカル・プロブレム）	適応課題 （アダプティブ・チャレンジ）
問題の定義が明確 （何が問題かがわかっている）	問題の定義がはっきりしない （問題の発見に学習が必要）
解決策がわかっている	適応が必要な課題で解決策がわかっていない
既存の知識で解決が可能	既存の解決策がない（既存の思考様式では解決できない）
知識や技術を適切に使うことによって解決可能	既存の思考様式を変えて、行動を変える必要がある
専門知識や技術をもつ人によって解決できる	関連する人々との探究と学習が必要
問題は自分の外側にある	問題の一部であり当事者（本人の思考様式や行動も影響している）

●技術的問題

●適応課題

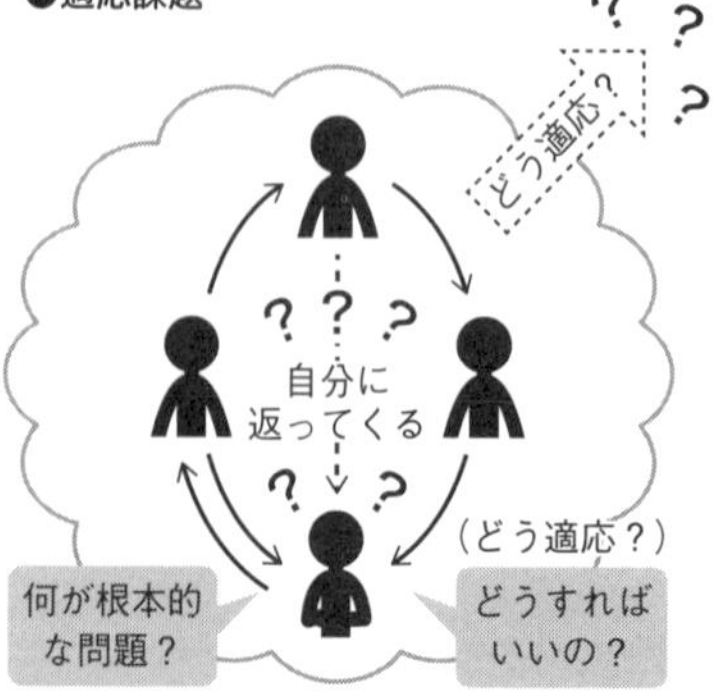

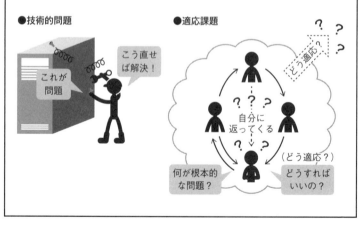

一方の**「適応課題」**は、**当事者にとってその状況に適応することが必要な問題であり、自分たちの思考様式や行動を変えていく必要があるもの**です。適応が必要なのは、外部の環境に対してと、内部（職場の中など）で起こっていることに対しての両方が含まれています。現状で起こっている問題に対して、既存の解決策をそのまま用いるのではなく、現状と自分たちの前提（問題の捉え方や思い込み）について人々と探究し、どうすればよいかを対話して解決策をともに考え、自らも学習する必要があります。

◆リーダーやマネジャーが陥りやすい誤り

ハイフェッツが挙げている例として、高齢者が夜に車の運転をしていて、車を傷つけてしまったというエピソードを紹介します。車を修理することは**「技術的問題」**です。一方で、高齢者が「夜に車を運転できなくなっている自分」に向き合い、運転をやめるとなると、夜、車を運転してレストランに行けなくなるとともに、自分の誇りだった「運転ができる私」というアイデンティティを失うことになる、というのが**「適応課題」**です。

日本の職場での例を考えてみましょう。製造現場で機械を修理しメンテナンスする仕事をチームで取り組んでいたとします。機械の不具合が起きた時に修理するのは**「技術的問題」**です。一方、そのチームでは、元チームリーダーが役職定年となってメンバーとしてチームに残り、元部下が新しいチームリーダーになったとします。新しいチームリーダーが、自分より経験豊かで発言の影響力がある年上部下もいるチームを、どのようにまとめていき、自分の影響力も発揮していくかは**「適応課題」**です。

さらに、海外の人たちとのＷｅｂ会議の場合を考えてみましょう。Ｗｅｂ上の音声や画像の質をいかに高めるかは**「技術的問題」**です。同時に、Ｗｅｂ会議によって異文化の人たちと会話し、合意し、お互いを理解して、チームとして取り組んでいくのは**「適応課題」**です。

ハイフェッツは、**リーダーやマネジャーが陥りやすい誤りは、「適応課題」に対して「技術的問題」の解決策を当てはめて解決しようとすること**だと指摘しています。未知の状況で、問題が何かがわかっていない中で、既存の解決法をそのまま導入して取り組んでも、問題は解決されないためです。

マンガのストーリーで起きていた問題は「技術的問題」と「適応課題」のどちらだろうか？

0-3
「適応課題」と組織開発

◆人間的側面の問題には「適応課題」が含まれる

職場や組織での人間的側面の問題は、あるひとつの原因や誰か一人の要因によって起こっているわけではなく、いろいろな要因が複雑に絡み合って生じている場合が多いです。そして、問題は目に見えにくく、未知の状況だと言えます。

つまり、**人間的側面の多くの問題には、「適応課題」が含まれています。**

本書のストーリーのような、職場でのコミュニケーションが少ないという問題を例に考えてみましょう。

たとえば、自分の考えや意見を伝えることが苦手な人がいて、その人のコミュニケーション・スキルの問題ならば、伝えるスキルを習得するという「技術的問題」の解決法で取り組めます。また、コミュニケーションをする時間と場がないために、コミュニケーションが少ないという状況なら、ミーティングの場を定期的に設けるという「技術的問題」の対処で解決できるでしょう。

しかし、この店舗で起こっている人間的側面の問題は、「店長の指示に対して反応がない」、「社員同士が積極的に会話をせず、活気がない」などで、反応や会話をするスキルはあるにもかかわらず生じているものです。このような問題には、社員の思考様式や行動が関連する、もっと複雑な**「適応課題」**が含まれています。

そうした問題に対して、店長の魁さんが実施したように、既存の手法をそのまま当てはめて解決しようとしてもうまくいきません。

このように、職場や組織の人間的側面で起こっている問題に対して、既存の手法をそのまま導入しても、思うような成果を得るのは難しいのが現実です。そうしたアプローチ（魁さんが行おうとしたような解決策）とは異なり、**自分たちの問題は何かを皆で探究しながら現状に気づき、対応策をともに考えて実行していく**のが**「組織開発」**です。

Part 1

組織開発とは

Story1　組織開発支援者との出会い

その前に
私たちのチームの
説明をさせて
いただきますね
組織開発に
ついては
どの程度
ご存知ですか?
……そうですね
ざっくりと
知ってはいますが
接するのも
お願いするのも
今回がはじめて
なので……
そうですか
組織開発
――と言っても
その定義は
ひとつに決まったものが
あるわけではないので
とらえどころのない
印象をもたれることが
多いんです

組織開発は
簡単に言うと
職場や組織を
よくしていくために
当事者として対話し
現状に気づき
行動を計画して
実行していくこと
です
当事者として
対話して……
現状に気づく……
ひとつの手法ではなく
職場や組織の中の
人間的側面にも着目して
働きかけていく考え方や
手法の総称です
戦略・目標
制度　仕組み
仕事・業務
人間的側面
コミュニケーションのありよう
気持ち モチベーション
リーダーシップのありよう
信頼関係 協働関係
風土、文化
人間的側面というのは
人の気持ちや
モチベーション
コミュニケーションや
信頼 協働など
目に見えにくいものです
では店舗の現状を
詳しくお聴かせ
くださいますか？
そうですね……
まずお店に
活気がなく……

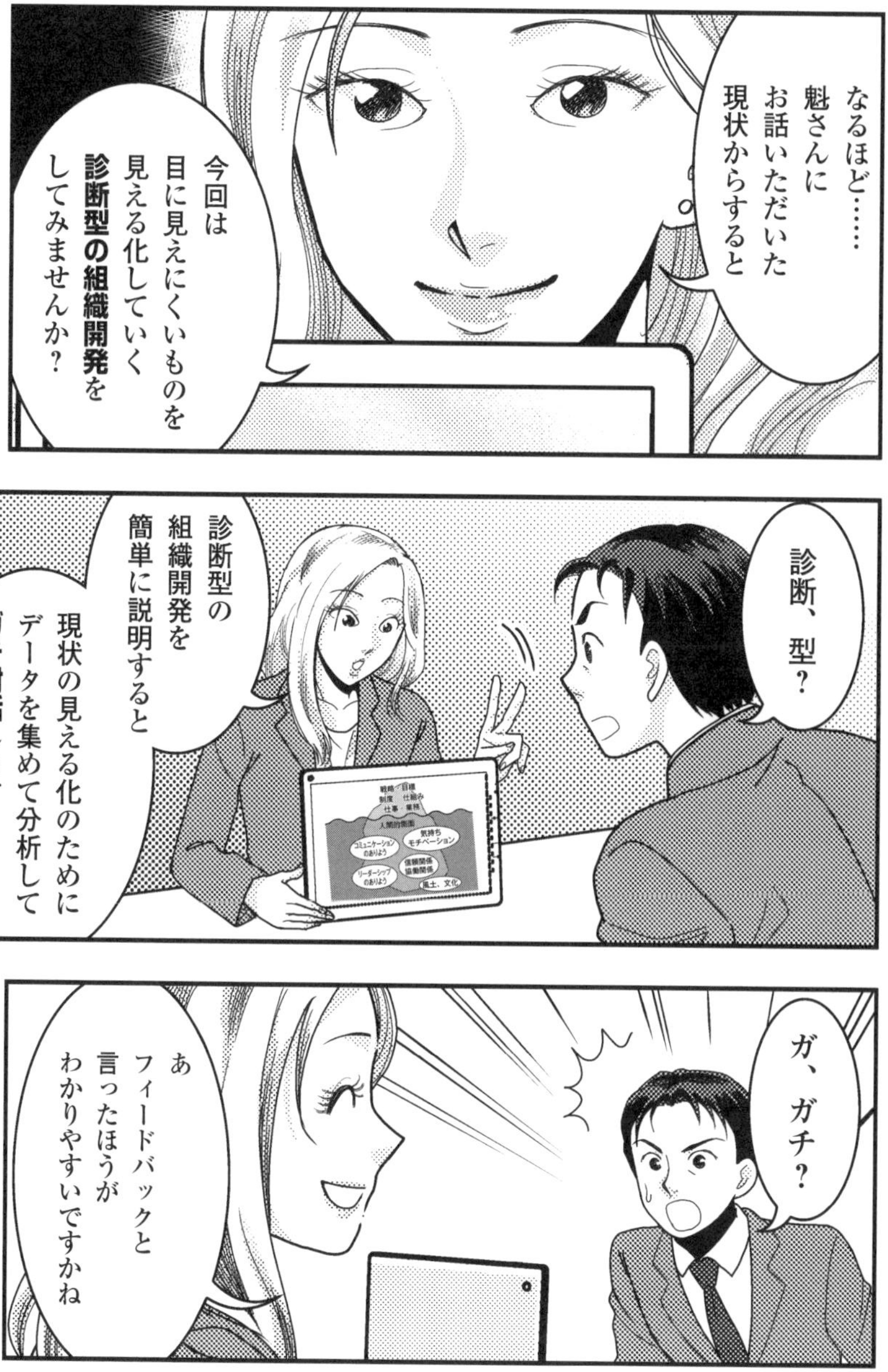
なるほど…… 魁さんに お話いただいた 現状からすると
今回は 目に見えにくいものを 見える化していく **診断型の組織開発**を してみませんか？
診断、型？
診断型の 組織開発を 簡単に説明すると
現状の見える化のために データを集めて分析して **ガチ対話**します
戦略・目標
制度・仕組み
仕事・業務
人間的側面
気持ち モチベーション
コミュニケーション のありよう
信頼関係 協働関係
リーダーシップ のありよう
風土、文化
ガ、ガチ？
あ フィードバックと 言ったほうが わかりやすいですかね

心理的契約
データ収集（ヒアリング）
データ分析（整理）
フィードバック・ミーティング
見える化
ガチ対話
未来づくり
取り組みの計画
取り組みの実行
取り組みの評価
診断型組織開発の進め方
それをもとに未来づくりとして取り組みを計画し実行していく
これが今回の組織開発の流れです
見える化……ガチ対話……未来づくり……
そんな進め方はじめて聞く……みんなで取り組むのか……
これならもしかして……！
わかりましたどうぞよろしくお願いします！
はい承りました

皆さん
はじめまして
本社人事部の
水科です
店長からご依頼があり
今日は職場について
お話をうかがうため
本社から派遣されてきました
TAIGA
TAIGA
のちほど
別室で一人ずつ
お話を聞かせて
ください
ボソ
本社から……？
ヒソ
店長がまた
何かやる
つもりか？
ヒソ
ブツ
忙しいのに……
ブツ

別室でのヒアリング
失礼します
お忙しいところありがとうございます
ここでのお話は後でみんなで共有しますが匿名にしますのでご安心ください
あなたがこの店舗について思っていることを
何でもいいので聞かせてくれませんか
……あ
あのう……
数日後
大賀自動車本社
先日のヒアリング結果がまとまりました

みんなの様子はどうでしたか？
たくさんお話を聞かせてもらいました
水科さんには意見を言ったんですね……
私は店舗の皆さんから見れば少し距離のあるところにいる人間ですから
それに匿名という条件も話しやすかった要因でしょうね
これが先日のヒアリングの結果です
カタッ

朝会の回数を増やされて迷惑
社員同士の関係より目の前のお客さまのカーライフを考えるので精一杯
店長は精神論ばかりで具体的な指示をしないから動きにくい
営業は足で稼いでナンボ意見交換とか時間のムダ
エンジニアはもっと営業のことを考えてほしい
営業がエンジニアを見下しているのがイヤ
中期経営計画をもう一回見直しとかそんな時間ないし
考えるので精一杯
中期経営計画をもう一回見直しとかそんな時間ないし
朝会の回数を増やされて迷惑
店長は精神論ばっかりで具体的な指示をしないから動きにくい
営業は足で稼いでナンボ意見交換とか時間の無駄
エンジニアはもっと営業のことを考えてほしい
これ……をみんなで共有する……？
ええ
それで対話のきっかけにしてもらいます

対話になるわけないでしょう!?
ケンカになって余計に溝が深まりますよ
大丈夫です!
!?
確かにこれは魁さんには辛い内容かもしれません
エンジニアは もっと営業のことを 考えてほしい
でもできれば向き合いたくなかったような
抜き差しならない課題に腹をくくって向き合い
みんなで対話することが重要なんです

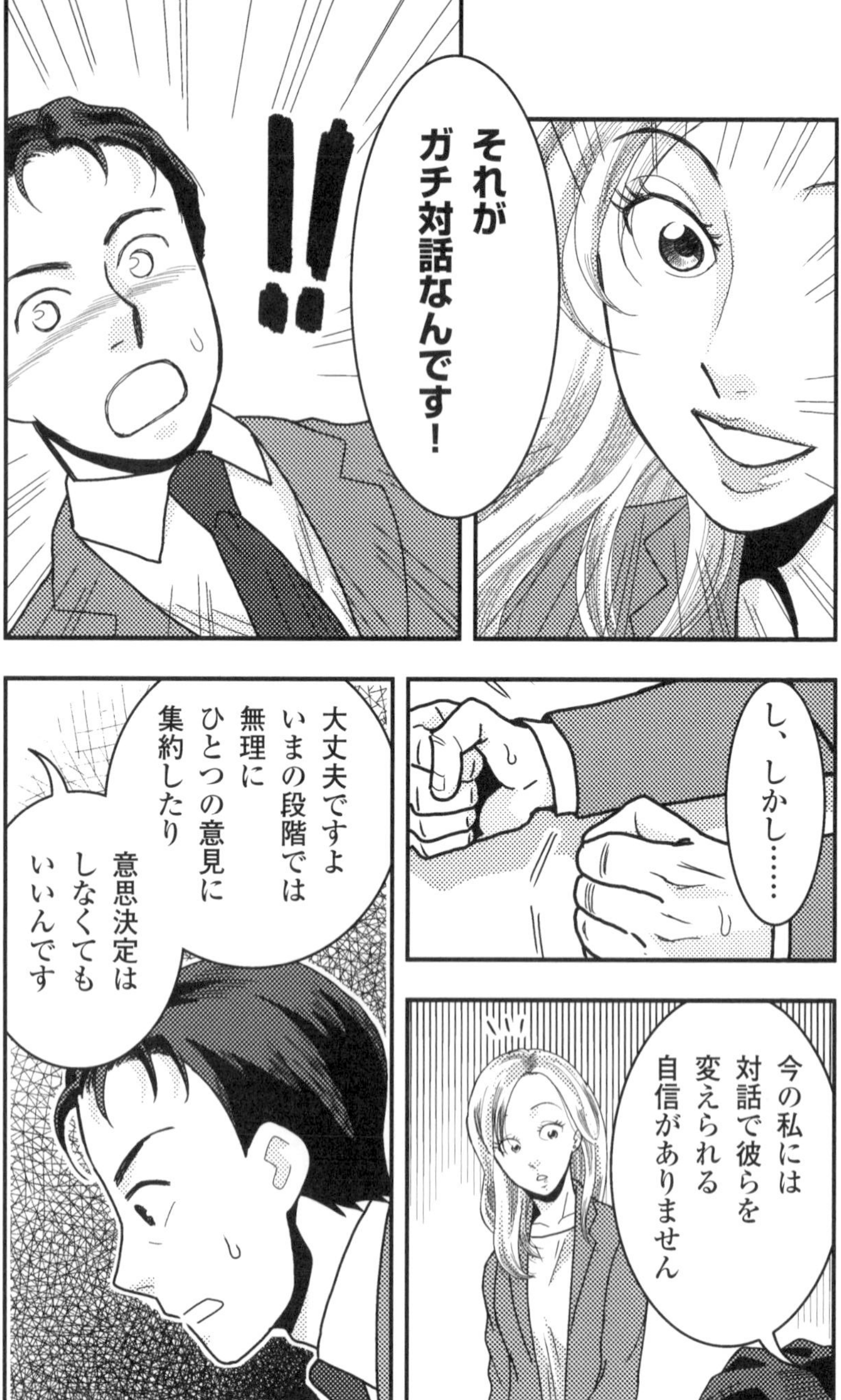
それがガチ対話なんです！

!!

し、しかし……

大丈夫ですよ いまの段階では 無理に ひとつの意見に 集約したり 意思決定は しなくても いいんです
今の私には 対話で彼らを 変えられる 自信がありません

ここでの対話で目指すのはお互いの意識や認識のズレが表出されることです
ズレ、ですか
にこっ
まずはお互いの「違い」を把握しましょう
……わかり……ました……
目の前のお客様
カーライフのこと
考えるので精一
朝会の回数を
増やされて迷惑
営業は足で稼い
意見交換とか時

翌日
大賀自動車販売
TAIGA
TAIGA 大賀
先日は貴重なご意見をありがとうございました
この店舗にとって重要であろう意見を全員で共有したいと思います
朝会を減らしてほしい
営業は足で稼ぐもの 意見交換は時間のムダ
精神論より具体的な指示がほしい
2、3年後のことより明日の数字を考えたい
エンジニアとの意見の違いをなくしたい
営業がエンジニアを見下しているのが不快
中期経営計画を見直している時間がない
目の前のお客さまのカーライフを考えるので精一杯
ボソッ
えっ 本当に出したの？
ブツブツ
うそ！
ブツ
……
この結果をきっかけとしてこの店舗の現状について感じていることを共有していきましょう

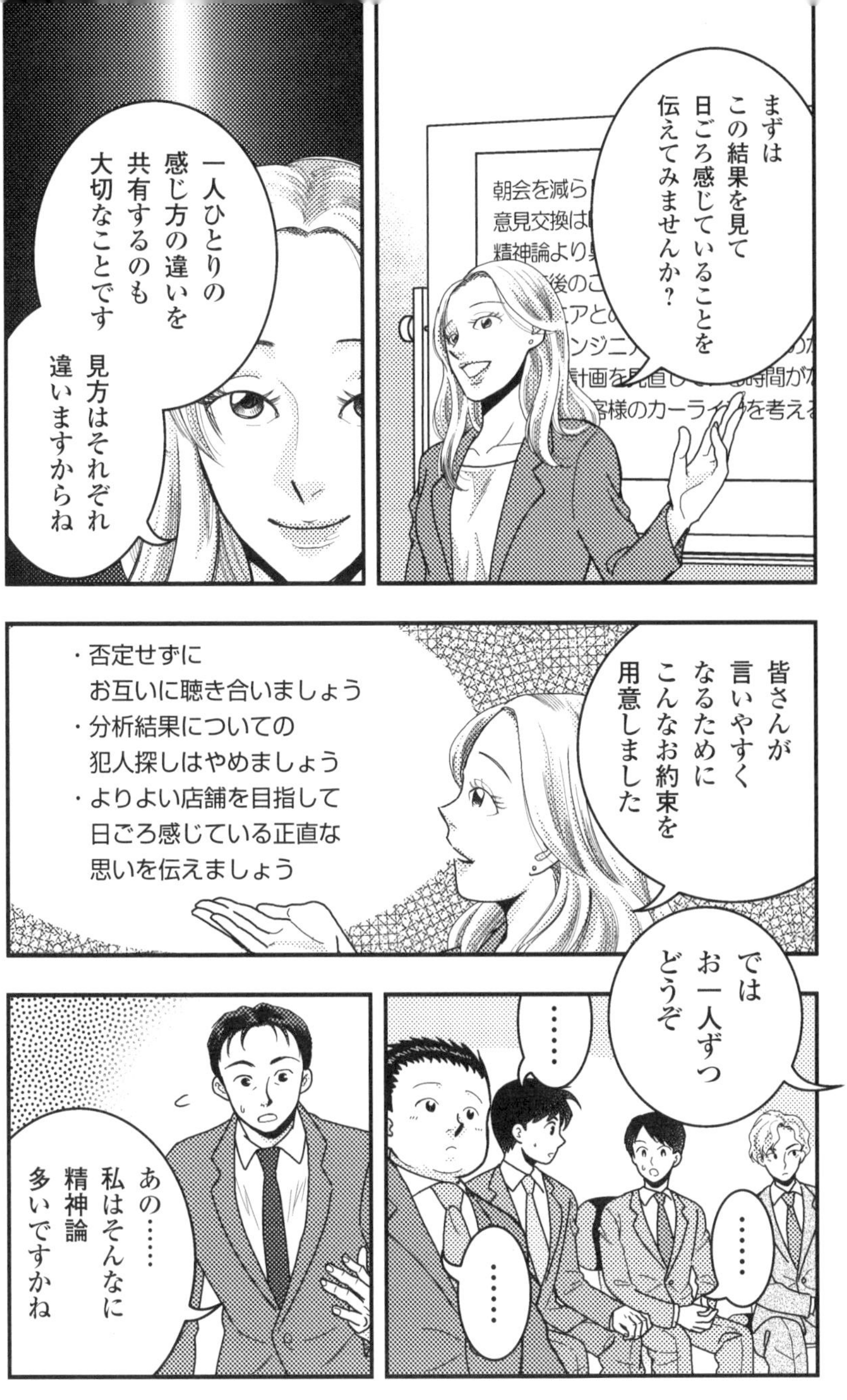
まずは この結果を見て 日ごろ感じていることを 伝えてみませんか？
一人ひとりの 感じ方の違いを 共有するのも 大切なことです
見方はそれぞれ 違いますからね
皆さんが 言いやすく なるために こんなお約束を 用意しました
・否定せずに
お互いに聴き合いましょう
・分析結果についての
犯人探しはやめましょう
・よりよい店舗を目指して
日ごろ感じている正直な
思いを伝えましょう
では お一人ずつ どうぞ
……
……
……
あの…… 私はそんなに 精神論 多いですかね

お前
言えよ！
ぐいっ
あの……店長は
情熱的で
でも……朝会も
積極的に
意見交換とだけで
動きにくいことが
あって……
自分もそうですが
みんな自分のことで
精一杯なんです
私は皆さんに
教えてほしいことが
たくさんあります
でも……なかなか
聞けません
そうか……
みんな今日は
それぞれの思いを
語ってくれて
ありがとう

2時間のミーティング終了後——
ぞろ…
私も営業行ってきます……
ぞろ…
外回り行ってきます……
がら——ん
あのっ！がんばってください！
!?
ぎゅっ

私もっ……
この店舗はいろいろ問題があると思っていたんです
でも……なかなか言えなくて
そのあの私応援していますから！
じゃあお客さま対応をしてきます！
だっ
達成！
TAIGA 大賀自動車販
タタッ
IN
コク
うん！

魁さん！
コアチームをつくりましょう！
コアチーム……ですか？
そしてコアチームを中心に進めていきましょう！
この店舗なら変わります！
！

店長の魁さんは、本社人事部組織開発チームに相談し、社内の組織開発支援者である水科さんと会いました。水科さんから組織開発とは何であり、どのように進めていくかを聞いた魁さんは、まずは営業部門での組織開発を進めていくことに合意しました。組織開発に取り組む際には、**「その職場や部門、組織のリーダーと合意する」**というステップが非常に重要とされています。

次に、第三者の立場である水科さんが、現状について店舗のメンバーに尋ねるヒアリングを行い、その結果を匿名化したうえで店長に報告しました。さらに、営業のメンバー全員に結果を報告し、対話を行う、フィードバック・ミーティングが実施されました。フィードバック・ミーティングでは、メンバーが日頃感じていることが語られるような、**「ガチ対話」**となることが望ましいです。若手の花見さんや広瀬さんは、日頃なかなか話すことができない思いをフィードバック・ミーティングの中で思い切って語っていました。

以下では、**組織開発とは何か、どのように進めていくのか、組織開発の鍵となる「対話」とは何か、**について説明をしていきます。

組織開発のプロセスでは、現状に向き合う対話が欠かせない

1-1 組織開発とは何か

◆組織開発とは「ラベル」である

本書の「はじめに」でも述べましたが、組織開発はあるひとつの手法ではありません。このことが、組織開発とは何かをわかりづらくさせています。

組織開発は、人材開発、キャリア開発、心理療法などのように、いろいろな理論や手法をひとまとまりにして、そのまとまりに付けられたラベルのようなものです（図表1-1参照）。

人材開発やキャリア開発というラベルは、社内で使われることも多いので、市民権を得ています。一方で組織開発というラベルは、日本企業で広がりつつある段階なので、それが何であるかをイメージしづらい人もいらっしゃることでしょう。

◆組織開発を定義する

ストーリーの中で、本社組織開発チームの水科さんは店長の魁さんに、組織開発とは**「職場や組織の人間的側面にも着目した働きかけ」**と説明していました。職場や組織で起こっている、目に見えにくい人間的側面にも目を向けて、現状に気づき、よくしていく取り組みが組織開発です。

組織開発の中心的なキーワードは**「対話」と「協働」**です。人間的側面にも目を向け、職場や組織をよくしていくことを目的に、皆で対話をして現状に気づき、お互いにより協働できるような計画をして、実行していきます。

本書の解説には、「対話」と「協働」が何度も出てきます。組織開発について簡潔に別の表現をするなら、**「対話を通した協働づくり（協働関係の構築）」**とも言えます。

また、組織開発の学術的な定義では、組織開発は、職場や組織の**「効果性」**、**「健全性」**、**「自己革新力」**を高めることを目指した取り組みとされています。

「効果性」とは、一人ひとりの潜在力が発揮され、皆が協働している状態です。**「健全性」**とは、一人ひとりのモチベーションが高く、健康で、お互いの関係性が良好で、職場や組織に満足している状態です。最後の**「自己革新力」**とは、職場や組織の現状に自分たちで気づき、自ら変えていける力が備わっている状態です。

組織開発の「開発」は「デベロップメント（development）」の訳です。デベロップメントとは、**進展**、**発展**、**発達**、**成長**という意味です。

図表1-1　「組織開発」とは、いろいろな理論や手法のひとまとまり（傘）に付けられたラベル

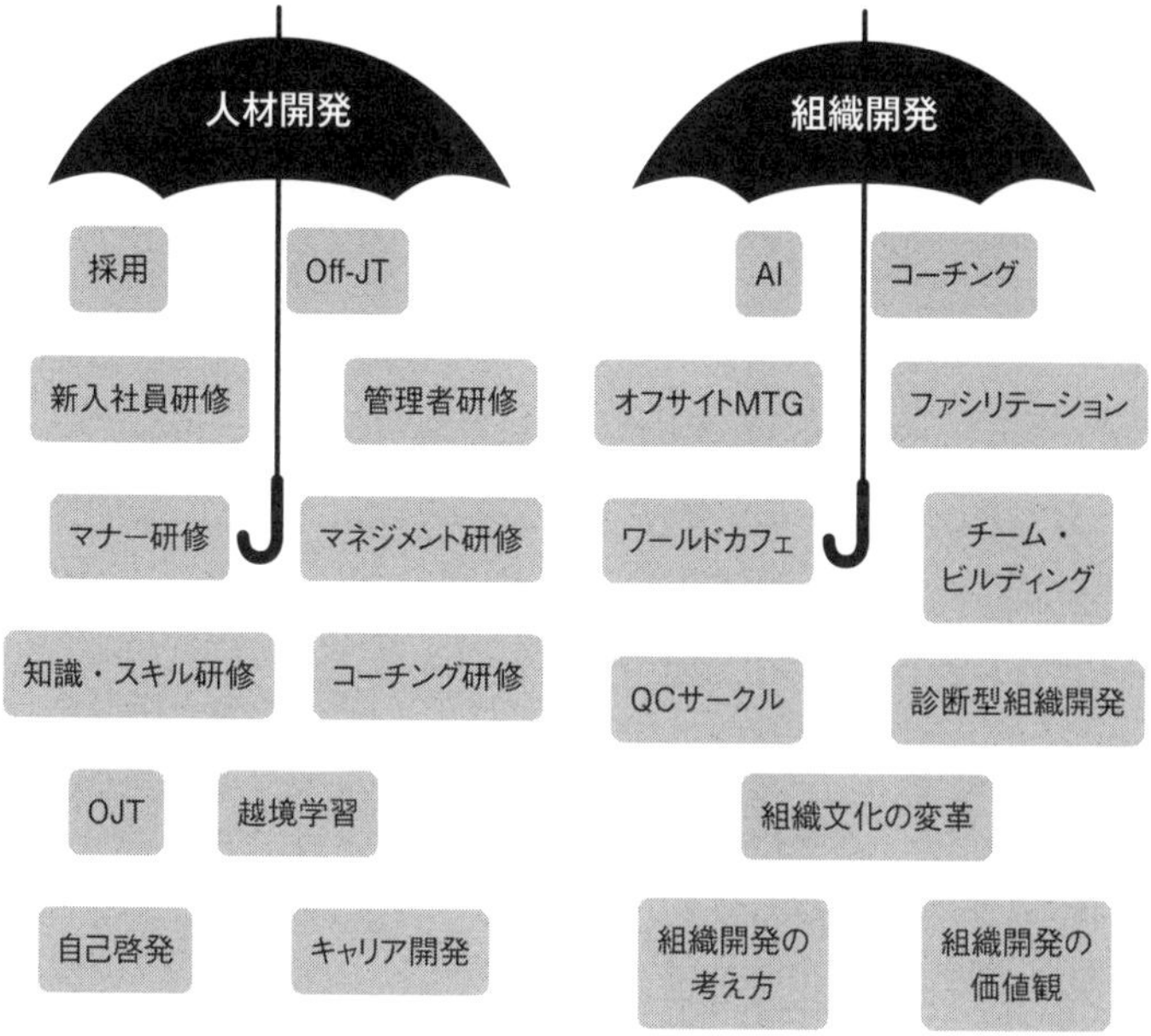

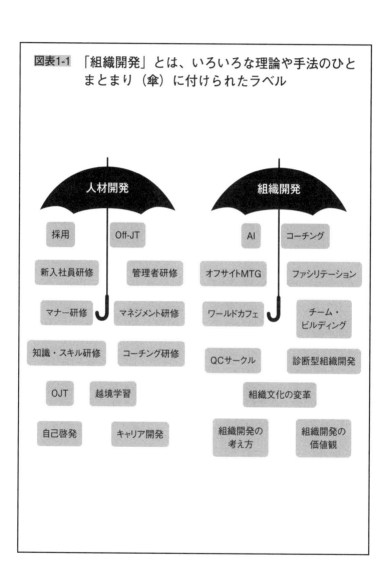

人の発達にたとえるとわかりやすいかもしれません。人は生まれて、さまざまな経験をして大人になっていき、うまく成長できると、効果的で健全な人間に発達・成長していきます。

職場や組織も同じように、**人間的側面にも働きかけていくことで関係性が育まれ、効果的で健全かつ自己革新力をもつ職場や組織に発展**していきます。そのような意味が、「デベロップメント」という言葉に含まれています。

1-2 組織開発の基本的なステップ

◆「適応課題」への対処法

組織開発とは、職場や組織の中の、目に見えにくい人間的側面にも目を向けて、よくしていく取り組みであることを説明してきました。目に見えにくい人間的側面の課題の多くは、未知のもので原因や解決策がすぐにわからないもの、つまり、「技術的問題」だけではなく、「適応課題」である場合が多い、ということは、43ページで述べた通りです。

目に見えにくく、職場や組織で何が起こっているかがすぐにはわからない課題（＝人間的側面の課題）に対しては、「技術的問題」を解決するように、既存の解決策をそのまま当てはめてもうまくいきません。ハイフェッツは、**「適応課題」に対処するためには、当事者が対話を通して探究し、学習することが必要**であるとしています。ここでの**「学習」**とは、**自分たちの捉え方や思い込み、習慣が変わること**です。

では、ストーリーに戻って考えていきましょう。

店長の魁さんは、店舗内のコミュニケーションの少なさという問題に対して、朝会やビジョン策定ワークを実施しましたが、うまくいきませんでした。これは、コミュニケーションの少なさという、職場での人間的側面で起こっている表面的な問題に対して、既存の解決策（朝会やビジョン策定）を実施したことになります。しかし、この店舗のコミュニケーションの少なさという問題は、店舗のメンバーと店長との間で起こっている、目に見えない**「適応課題」**です。魁さんは、「適応課題」に対して「技術的問題」の解決策を実行して失敗したと捉えることができます。コミュニケーションが少ない（そして、それが当たり前のことになっている）という問題だけではなく、休職者・退職者が多いなどの複雑な問題が他にもあり、この店舗の根本的な問題はまだはっきりしていません。また、意見交換は不要だと思っている社員と、積極的に関わってほしいと思っている魁さんとの間にも、目に見えない葛藤が起こっています。

このような、問題がはっきりしておらず、解決策がわかっていないという「適応課題」に対しては、魁さんは社員とともに現状で何が起こっているかを探究し、問題を発見していく必要があります。また、その探究を通して、**「コミュニケーションが少ないのは当たり前」、「意見交換は不要」という捉え方や習慣が変わること（＝学習）が、「適応課題」への効果的な対処となります。**

そして、**目に見えにくい人間的側面の問題について、何が起こっているかを当事者が対話を通して探究し、自分たちの問題に気づき、自分たちでその問題に対処していく**のが、組織開発の進め方です。

以下では、組織開発の具体的な進め方を紹介していきます。

◆組織開発の3つのステップ

組織開発では、目に見えにくい人間的側面の諸問題に対して、チームや職場のメンバーによる話し合いを通して進めていきます。その基本的な3ステップを図表1-2に示しました。

「見える化」「ガチ対話」「未来づくり」です。

◆組織開発のステップ① 「見える化」

「見える化」のステップでは、**目に見えにくい人間的側面で起こっていることを可視化**していきます。

ストーリーでは、組織開発チームの水科さんが、店舗のメンバーに対して1対1のヒアリングを行い（**データ収集**）、そこで語られたメンバーの現状認識を匿名化したうえで整

図表1-2　組織開発の基本的な３つのステップ

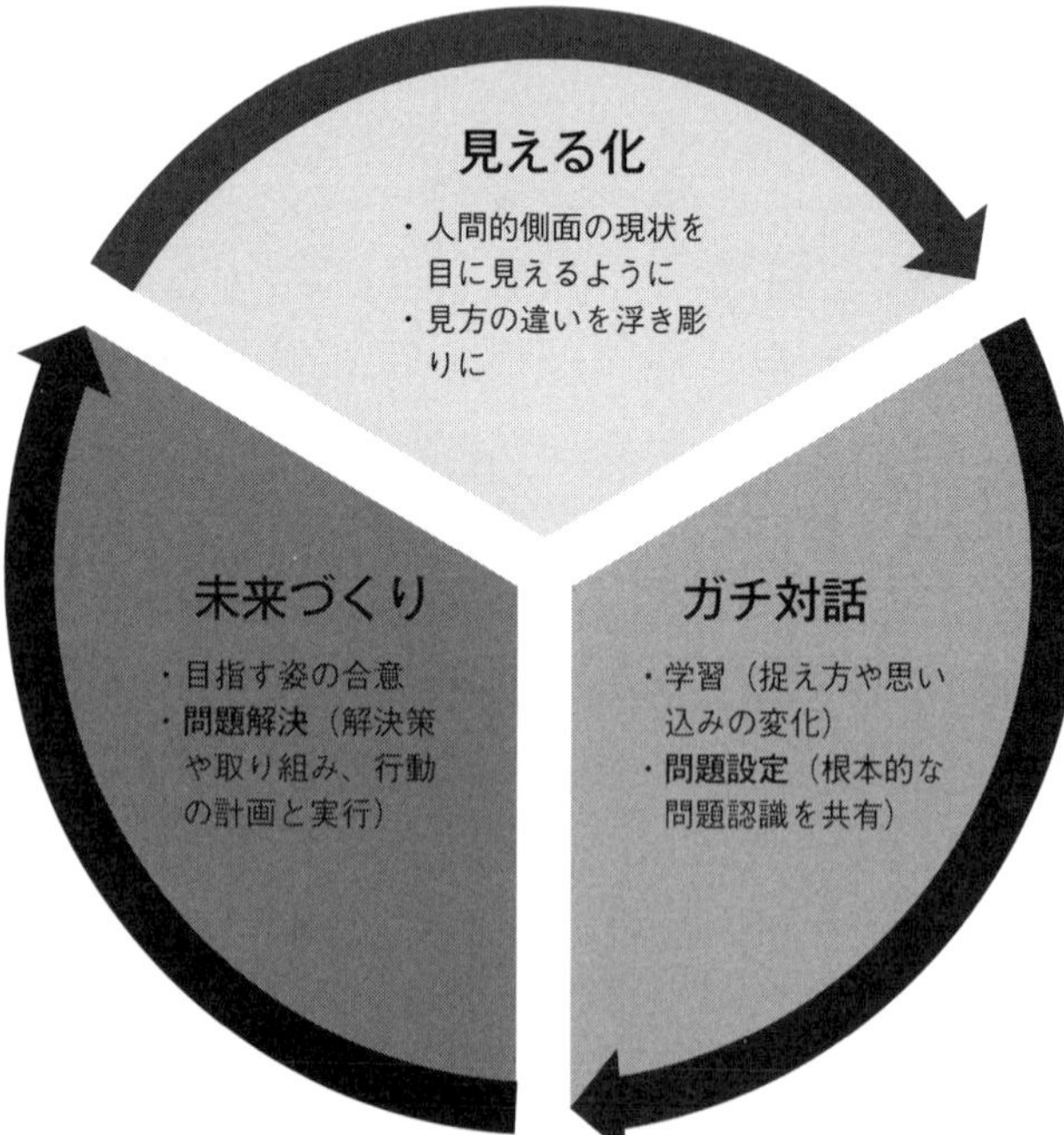
見える化
・人間的側面の現状を
目に見えるように
・見方の違いを浮き彫
りに
ガチ対話
・学習（捉え方や思い
込みの変化）
・問題設定（根本的な
問題認識を共有）
未来づくり
・目指す姿の合意
・問題解決（解決策
や取り組み、行動
の計画と実行）

理しました（**データ分析**）。そして、整理した結果について、店長に伝えた後に、営業メンバーに対して報告しました（**フィードバック・ミーティング**の冒頭での水科さんの説明）。

職場の人間的側面で起こっていることは、目に見えにくく、一人ひとりの捉え方や感じ方が異なっていることがしばしばあります。そこで、いろいろな捉え方や見方を出すことで、現状に対する感じ方や捉え方の違いを浮き彫りにしていきます。

本書のストーリーでは、「見える化」をするために「データ収集」としてヒアリングが行われました。他にも、サーベイ（従業員満足度調査、ストレスチェック、組織風土調査など）の結果が用いられ、その調査結果をきっかけとしてフィードバック・ミーティングが行われることも多いです。最近では、Ｗｅｂ上で回答することができ、職場単位でサーベイを申し込むことができるサーベイもあります（ＴＬＲ職場活性化サポートシステム、Ｏｃａｐ

水科さんが行ったヒアリングは「データ収集」にあたる

ｉなど）。

加えて、事前にデータ収集やデータ分析を行わない進め方もあります。それらの方法は**「対話型組織開発」**と呼ばれています。関係者が集まり、その場の中で現状に対して感じていることを、時に小グループで、時に全体で、対話していきます。

◆組織開発のステップ② 「ガチ対話」

次のステップが**「ガチ対話」**です。このステップの目的は、**「適応課題」に対処するために必要とされる学習、**つまり、**捉え方や思い込みの変化が、対話を通して起きる**ことです。

店長の魁さんにとって、営業全員で行ったフィードバック・ミーティングでの花見さんの「動きにくいことがあって……」という発言が、自分の指示の仕方について気づく機会になりました。この気づきは、現状に対する捉え方の変化の一例です。

また、「ガチ対話」のステップでは、「見える化」のステップで人によって捉え方が異なっていた現状について、**「何が根本的な問題なのか」**が探究され、現状について全員が同じ問題認識をもつことが重要になってきます。つまり、**現状に対する問題設定が共有できること**を目指します。ちなみに、Ｓｔｏｒｙ１ではそこまで至っていません。

以下では職場でよく起こる例をもとに、根本的な問題を見定め、共有することが、次のステップに進む際に重要となる理由を検討していきます。

ある職場では、会議中に発言がなかなか出ないという問題が起こっていたとします。ヒアリングをした結果、メンバーはそれぞれ、「発言しにくい雰囲気がある」「マネジャーとメンバー一人ひとりの1対1の会話になりがち」「報告ばかりで聞いているだけになる」「集まって話し合うことには意味がない」と語りました。

「見える化」のステップとして、このように各自の現状に対する見方や捉え方が表明され、目に見えにくい人間的側面について、各自の捉え方とその違いが出されるだけでも十分意味があります。しかし、「見える化」するだけでは問題の解決には至りません。そこで、「ガチ対話」が必要となります。このステップでは最終的に、**現状がどのような影響やパターンによって起こっているかを洞察し、皆が同じ認識をもつ**ことを目指します。こうした共通認識があることで、次のス

日頃は直接伝えてないことを対話することで気づきや学習が起こる

テップ（未来づくり）に進みやすくなります。

先ほどの例だと、「発言しにくく、報告ばかりで、あまり意味を感じられない」会議について、どうしてそのようになっているのかを「ガチ対話」を通して探究していきます。「会議が各自の報告という一方通行のコミュニケーションになっている。そして、それは何のために会議（各自の報告）をするのかという、会議の目的が共有されておらず、結果として受け身のまま会議に参加している人が多い」ということに気づいていったとしましょう。そうなると、この会議の根本的な問題は、「目的が腹落ちしておらず、かつ、自分たちで変えていけない、受け身の参加」であると、皆が認識します。

このように、**現状での根本的な問題は何かを皆で同じように認識できれば（＝問題設定）、次の「未来づくり」のステップに進むことができます。**

◆組織開発のステップ③　「未来づくり」

目に見えにくい人間的側面の課題について、職場の全員が同じ認識をもつことができると、次のステップである**「未来づくり」**に進んでいきます（これもＳｔｏｒｙ１では至っていません）。

「未来づくり」のステップでは、「ガチ対話」を通して皆が認識した、現状での問題に対して、**どのような状態を目指してどのように対処していくか**を話し合い、合意していきます。ここではじめて解決策を考えることになります。全員での取り組みや一人ひとりが試みる行動を計画していきます（**取り組みの計画**）。そのうえで、計画された取り組みや行動を実行していきます（**取り組みの実行**）。

先ほどの例だと、「目的が腹落ちしておらず、かつ、自分たちで変えていけない、受け身の参加」という問題を職場のメンバーが認識しました。「未来づくり」では、望ましい状態はどのようなものかを合意し、その状態になることに向けて何を行っていくかを計画していきます。望ましい会議の状態として「会議の意味が腹落ちし、自分たちでよくしていける、活き活きとした会議を目指す」と合意されたとします。そして、その望ましい会議の実現に向けて、何をするか（どのような行動や心掛けを今後していくか）を話し合って計画し、合意していきます。たとえば、会議の目的を明確にする話し合いを行う、会議中にうまく機能していない状況でそれを表明するように心掛ける、などが計画として合意されたなら、その計画や心掛けを実行していくことで、会議が変わっていきます。

ちなみに、ある期間取り組みを行った後に、現状（＝会議でのコミュニケーションがどれくらい活発か、目的がどれくらい共有されているか）を「見える化」していくことが、**「取り組みの評価」**となります。そして、図表1-2の3つのステップがさらに回っていきます。

先ほどの例の場合、最初に表明された、表面的な問題は「発言しにくい雰囲気」でした。その問題に対して解決策をすぐ考えた場合、「では、発言しやすい雰囲気をどうつくるか」→「雰囲気をよくするために飲み会をしよう」と考え、飲み会を計画することになっていくかもしれません。しかし、実際に飲み会を実施しても、この会議は変わらない可能性が高いでしょう。

「ガチ対話」のステップで行う対話を通した探究によって、根本的な問題に皆で気づいていくという過程が、「未来づくり」で意味のある解決策を計画することにつながっていくのです。

組織開発で対処しようとする問題は、目に見えにくい、人間的側面で起こっていることです。一人ひとりの心の中で起こっている複雑な現状があるので、目に見えている現象（コミュニケーションが少ない）を捉えて解決策（朝会）を実施するという、既存の解決策の実行（＝技術的問題への対処法）ではうまくいきません。当事者による話し合いを通した探究と学習が必要なのです。

どのような話し合いが行われるかというと、

①目に見えにくい現状をまずは「見える化」する
②「ガチ対話」を通して、現状に対する捉え方や思い込みが変化するとともに、現状で何が根本的な問題なのかを共有する
③その課題に対して「未来づくり」として解決策をともに計画する

と進んでいきます。

私たちは、問題があるとすぐに解決策を考えてしまうものです。しかし、組織開発では「問題解決よりも問題設定のほうが難しい」、「問題解決に先んじて問題設定を行う必要がある」とされています。ここまで例を通して考えてきたように、職場や組織での人間的側面で起こっていることに対しては、**解決策（＝問題解決）を考える前に、何が根本的な問題なのかを見定めること（＝問題設定）**が重要なのです。

1-3

「対話」とは何か

◆「対話」とは意味が共有される双方向のコミュニケーション

1-1および1-2において「対話」という言葉を頻繁に用いてきましたが、「対話」とはコミュニケーションのひとつの形です。

語源（ラテン語）にさかのぼった、コミュニケーションの本来の意味は「シェアすること、共有すること」です。つまり、コミュニケーションとは、複数の人で話し、聞くという行為ではなく、**複数の人の間で何かが共有されること**が本来の意味です。

AさんとBさんという二人の間で何かが共有されるとき、AさんがBさんに一方的に伝える、一方向コミュニケーションと、AさんとBさんとがやりとりをする双方向コミュニケーションがあります。一方向コミュニケーションは、伝達、報告、講話や講義などが該当します。そして、双方向コミュニケーションのひとつのタイプが対話です。

対話とは**「意味」が共有される双方向コミュニケーション**です。対話では、複数の人の間でやりとりされている言葉の奥にある意味が共有されることや、意味づけが変わることが重視されています。

私たちは常に、いろいろなことに対して、その瞬間に自分なりの意味づけをしています。たとえば、職場の同僚が退職したことを聞くと、その人の実際の退職理由を知らない場合、（自分の事前情報をよりどころとして）「他の条件のよいところに転職したんだろう」と意味づける人もいれば、「この職場や仕事が相当しんどかったんだな」と意味づける人もいることでしょう。このように、私たちは物事や起きたことに対して常に意味づけをしています。また、意味づけの仕方は人によって異なることが多いです。**私たちは、客観的事実の中で生きているのではなく、自分で意味づけをした主観的世界の中で生きている**と言えます。

人による意味づけは、雑談や通常の会話では話されないので、普段はその違いに気づきません。一方、**対話では、言葉の奥にある前提や意味づけもやりとりされ、共有されます**。同僚の退職を例に考えると、単に「退職した」という言葉（事実）だけではなく、「その人が退職したのは、この職場がギスギスしていて、しんどかったと感じていたそうだ」と、退職した人にとっての意味や背景（前提）が話されることが対話のスタートです。すると、「他の条件のよいところに転職したんだろう」と捉えていた人は、自分の思

図表1-3　対話とは意味が共有される双方向コミュニケーション

伝達、報告、講和など：一方向コミュニケーション

対話：意味が共有される双方向コミュニケーション

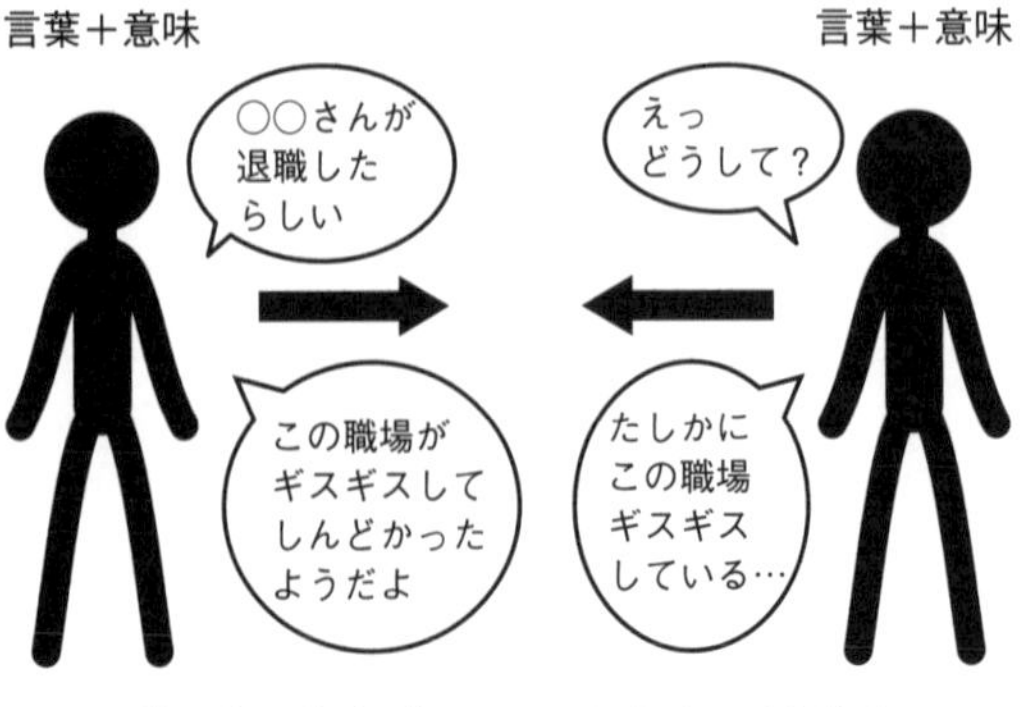

言葉の奥の意味が伝わる→意味づけが変化する

い込みに気づき、「この職場がギスギスしている表れがその人の退職だったんだ」と意味づけが変わるかもしれません。加えて、「ギスギスした状態を変えていかないと、さらに退職者や休職者が出るかもしれない」といった意味づけをする可能性もあるでしょう。このように同僚の退職を「自分事」と捉えた意味が語られるようになると、「この現状を何とかしないといけない」と自分たちにとっての現状認識が変化する可能性が高まります。

この例のような、**言葉の奥にある前提や意味が共有され、その結果、意味づけが変化するような双方向のコミュニケーション**が**「対話」**です。

◆双方向コミュニケーションの4つのレベル

双方向コミュニケーションには**4つのレベル**があるとされています（図表1-4）。対話とは何かをさらに理解していくために、この4つのレベルについて紹介していきます。

このモデルでは、対話は**「内省的な対話」**と**「生成的な対話」**の2つのレベルが想定されています。そして、このモデルでは、はじめて集まったときの話し合いが①**「儀礼的な会話」**の段階から始まり、その後、②**「討論」**、③**「内省的な対話」**、④**「生成的な対話」**の順で高いレベルに移行していくことを想定しています。

以下では、対話の特徴をより理解いただくために、4つのレベルを紹介していきます。

レベル3　内省的な対話

やりとり　：お互いについての探究
話し方　：内省的に話す
聴き方　：相手の話を共感的に聴く
　　自分の内側の声を聴く
　　相手は”唯一無二”の存在
意味づけ　：対話を通して変化

レベル2　討論

やりとり　：ディベート、衝突
話し方　：率直に語る
　　自分の見方から主張する
　　率直に言う
聴き方　：外側から聞く
　　判断するために聞く
意味づけ　：既存の意味づけで固定

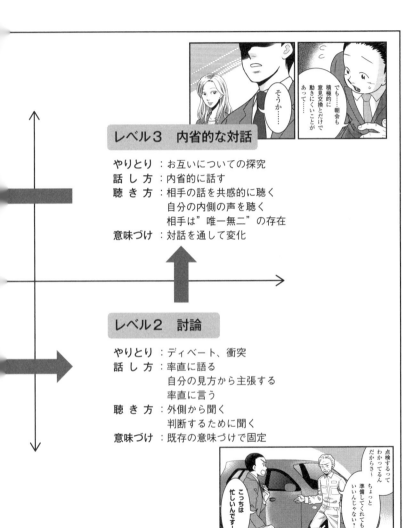

図表1-4　やりとり（双方向コミュニケーション）の４つのレベル

レベル４　生成的な対話

やりとり：未来への探究、ゆっくり
話し方：新しい洞察やアイデアが語られる（生成される）
聴き方：全体から聴く、境界がない
意味づけ：変化、新たな意味の生成

レベル１　儀礼的な会話

やりとり：見せかけ、丁寧で慎重
話し方：特定の人が話す
本音は語られない
聴き方：ダウンローディング
反応しないこともある
意味づけ：既存の意味づけで固定

オットー・シャーマーによる発案、アダム・カヘンによる公表（『手ごわい問題は、対話で解決する』）、小田理一郎氏による紹介（『マンガでやさしくわかる学習する組織』）を参考に作成

◆レベル1　儀礼的な会話

お互いのことを知らない関係性では、丁寧で見せかけのやりとりが多くなります。本音を言えるような安心・安全な場ではないため、表面的なことしか言わない、特定の人が話している、リスクがあることは言わない、という話し方になります。

聴き方としては、「ダウンローディング」（オットー・シャーマーによる用語）が起きます。スマートフォンがアプリを自動的にダウンロードする様子をイメージしてください。**他の人が言ったことを、自分の中にある過去の経験に照らしながら、「〇〇さんが言いたいのはこういうことだ」と思い込んで聞く**という具合です。

上司が部下全員に指示をする場面でも、**「儀礼的な会話」**になることが多いでしょう。店長の魁さんが朝会を始めるときに、明本さんに「いいですか?」と尋ねましたが、明本さんは本音を言わず、表面的に同意しました。このやりとりも「儀礼的な会話」の一例です。

「儀礼的な会話」では、**人は聴きたいことだけを、その人が聴きたいように聞く**ので、言葉の奥にある意味が共有されたり、意味づけが変わる対話には至りません。

工場の製造現場で、安全管理のためのシートの書面が変更されたという例を考えてみます。このとき、上司は部下に「シートが変更されたので、今日から新しいシートを使うように」と指示し、部下は「わかりました」と答えたとしましょう。

このような「儀礼的な会話」では、シート変更が意味すること（なぜシートが変更されたのか、前の書式は何が問題だったのか、など）を部下と共有することができません。部下は「ダウンローディング」によって、それぞれが自分の中で意味づけします（「シート変更は無意味だ」と意味づけする人もいることでしょう）。この状態では、部下はシート変更の意味が腹落ちすることなく、やらされ感を抱いたまま、新しいシートを用いていきます（それでは効果的なシートの用い方につながる可能性は低いでしょう）。

さらに悪い状態は、部下が「なぜシート変更がされたんですか」と尋ねたときに、上司が「上がやれと言っているから」「上で決まったことだから」と言ってしまう場合です。これは上司さえもシート変更の意味づけできていないことの表れです。こうした職場では、部下は「この上司には何を言ってもダメだ」と感じて、「儀礼的な会話」が続くことになります。「儀礼的な会話」では意味づけは変わらず、その結

このような「儀礼的な会話」のままでは、職場を変えていくのは難しい

果、新しいシートを使う意味（シート変更の背景にある問題点やシートを変える目的、など）が腹落ちしないままの状態が続きます。

◆レベル2　討論

率直な意見が言える状態になってくると、異なる意見が出されたときに、お互いが自分の主張をするのが**「討論」**のレベルです。

先ほどのシート変更の例だと、導入前の話し合いの場面で、A課長は「導入すべき」、B課長は「現状のままでよい」と発言したとします。このような、どちらかに決める際にとられるコミュニケーションが「討論」です。やりとりは、どちらが正しいか（勝つか）を判断するディベート的なものになり、まわりで聞いている人たちは、どちらがよいかを外側から判断するために聞きます。これはビジネスでよく行われるやりとりです。

対話は、言葉の内容が流れるだけではなく、その意味が共有され、意味づけが変わるコミュニケーションです。しかし「討論」では、**それぞれの前提から意見を主張するので、その人がもっている前提や意味づけに変化は起きません**。それまでもっていた、既存の前提や意味が変わらないため、「討論」は対話とは言えません。

一方、シート変更を行うべきか否か、という議題の奥にある、現状のシートの問題点やどのような状態になることを目指しているのかが語られると、対話のレベルに移行し、シート変更の意味が共有されるようになります。そうすることで、意見が異なる人たちが同じ前提や判断軸のもとで合意することが可能となります。

◆レベル3　内省的な対話

「討論」では自分の立場から主張がされますが、相手の立場に立つことで**「内省的な対話」**のレベルに移行します。相手の考え方やその人自身を探究するやりとりとなり、相手の話を共感的に聴きます。

同時に、自分の中で起こっていることにも内省的になります。たとえば、安全管理のシートを変えるべきではないと考えていた自分は、どのような前提からそう考えていたのか、シートを変えないことや変えることは自分にとってどのような意味があるのか、を内省しながら話していきます。

「内省的な対話」では、自分の意見や考えを正しいとは捉えません。それは単に**現時点での仮説で、変わることもあり得る**と捉えます。

Ｓｔｏｒｙ１では、フィードバック・ミーティングで、花見さんから「朝会も（店長は）積極的に意見交換をと言うだけで、動きにくいことがあって……」という発言を、店長の魁さんは受け止めました。魁さんが「朝会を実行することは正しい」（自分は店長として正しいことをしている）と固執しなかったことで、花見さんの思いを共感的に聴くことが可能になりました（魁さんが「そうか、たしかに……」と言うだけではなく、花見さんの発言を受け止めたときに、自分の中で起こっていたことや気づきを語ると、さらに「内省的な対話」を深めることができましたが）。

このように、対話、そして、組織開発では、**異なる意見や考え、思いを共感的に聴く**という姿勢が非常に重要です。

◆レベル4　生成的な対話

「内省的な対話」とは、私と他の人との間にある違いを探究し、共感的に理解するやりとりでした。さらに高いレベルである**「生成的な対話」**では、**全体にとって望ましい未来に向けて、私と他の人（場合によっては自部署と他部署）という境界を超えて、新たな発想やアイデア、考えや意味づけが生まれてくるような探究**がなされます。安全管理のシートの例でいえば、現場の人

魁さんも共感的に聴くことで、
内省が可能になった

たちがより安全な職場を目指して対話をしていくイメージです。安全管理のシートを新しくするかどうかというテーマを超えて、もっと効果的な安全管理を自分たちで取り組むにはどうしたらよいかを探究し、新しいアイデアがその話し合いから生まれてくるというのが、「生成的な対話」です。

◆対話のレベルと組織開発の3つのステップ

組織開発は、〈見える化→ガチ対話→未来づくり〉の3つのステップが回ることだと紹介しました。**「ガチ対話」**のステップでは**「内省的な対話」**が、**「未来づくり」**のステップでは**「生成的な対話」**がなされることが必要です。

まず「ガチ対話」の過程では、職場や組織、自分や他の人たちの現状に対する根本的な問題が見定められ、現状に対する見方や意味づけが変わる必要があります。そのためには、自分の現状に対する見方（仮説）は脇に置き、自分が他の人たちにどのような影響を与えているかについて他のメンバーが語るのをじっくり聴き、内省する、「内省的な対話」の姿勢が大切です。

次に、「未来づくり」では、職場または組織全体の望ましい未来の状態に向けて、どのような取り組みや心掛けをしていくかを計画します。このステップで「生成的な対話」がなされることによって、これまで取り組まれたことがない、新しいアイデアや考えが生まれてきます。

「生成的な対話」が可能になるためには、**私と他の人（場合によっては自部署と他部署）という境界を超えた、全体にとって望ましい未来の状態が共有される**ことが必要です。ともに目指したい未来の実現に向けて、何に取り組んでいくか、どのように行動していくかを対話していきます。その対話を通して、新しい考えやアイデア、取り組みが生まれ、実行されていきます。場合によっては既存のハード面を自分たちで変えようとする動きが生まれます。

Part 2

チェンジエージェントとしてのコアチーム

Story2　コアチーム結成

この店舗の課題はこの店舗の人間が自分事として対処しなくてはいけません
自分たちの店舗をこれからどうしていくのかどうしたいのか
その未来を自分たちで決めるためです
自分事として対処する……
もちろん私もサポートしますから安心してください
ホッ
……わかりました

ではさっそくチームのメンバーを選ばないと……
カタッ
メンバーは明本さん花見さん広瀬さんの3人が良いかと思います
な!?
なぜその3人なのですか?
では逆に聞きますが
なぜこの3人ではいけないのですか?
……そそれは……

花見
これも
コピー
……はい
広瀬さんは
新人だから
まだ仕事の内容を
理解していない……
……花見くんは
自己主張が弱いし
仕事も遅い……
あー
君じゃ詳しく
ないだろうから
他の人呼んで
私としては
数字をあげて
くれれば
何も
明本さんは
営業マネジャーですが
販売台数を伸ばせば
良いと思っている……
店舗の中では
一番非協力的
です……

……なるほど
どうやら——
まずは魁さんが
目の前の人の心を
見えるように
ならないと
いけませんね
私が、
ですか?
そうです
先ほどの広瀬さんを
思い出してください
私、応援して
いますから!
こんな状況でも
彼女は私たちを
応援して
くれたんですよ

私は広瀬さんを見て確信したんです
この店舗は変われます！
……！
私は彼らの心を見ていなかったということでしょうか……
にこっ
そう思われるなら
今度は違った視線で彼らと向き合ってみてはいかがですか？

翌朝
TAIGA 大賀自
昨日話をしたこの店舗の課題への対処についてですが
コアチームをつくって当たることにしました
そこで3人にはコアチームのメンバーとなってもらいます
えっ!?
……
え……

あの……それで私たちは何をすればいいんですか？
それは私や店長が指示するのではなくメンバーたちの話し合いで決めていきます
そうですか……
ほかに質問や意見はありますか？
明本さん何か——
私は店長の指示に従うだけです

急ぎの指示がなければ
お客さまとの商談があるので
失礼します
ガチャ
私も仕事が
あるので……
失礼します
メンバーに
選んでくださって
ありがとうございます！
私、がんばります！
ばっ

オロ
オロ
よろしく頼むよ
花見さんも予定があったら行ってください
あっ……
あの……えっと……
じゃあ……ひとつ質問してもいいですか？
はい
何でも聞いてください！
ちら
じっ
あ……
やっぱりいいです

何でもありません……
やりますので……何でも……僕は……
ぺこ
では……仕事に戻ります……
バタン
……
魁さん
花見さんが気になるなら積極的に声をかけていきましょう！
目の前の人の心を見るチャンスですよ

STAFF ONLY
あー
隣、いいかな？
て、店長
グッ！
ドンッ
ドンッ
だ、大丈夫か!?
お茶飲んで！
ごっ
ごっ
ごっ
ごっ

すみません
助かりました〜
ぷはっ
落ち着いて
食べなさい
それにしても
よく食べるな
よい体格だし
何かスポーツ
やっていたのかな
ところで
はい？
もぐ
もぐ
さっき
何か言いかけて
いたけど
よかったら
聞かせて
くれないかな

……
……どうして
……僕をメンバーに選んだんですか……
それは――
日頃の仕事ぶりをみて周囲の人とうまくチームワークをとれると感じたからだよ
でも、それは……僕はみんなにとって使い勝手のいい人間ってだけですよ……

それでもコアチームには花見くんが必要なんだよ
ここの社員はみんな自分の仕事を第一に考えているしそれは間違いではないんだけど……
この店舗の課題を解決するにはチームとして団結する必要がある
そのためには花見くんの力が必要なんだ
だからメンバーに選んだ
僕が……必要……

わかりました
僕……
やってみます！
ありがとう
よろしく頼む
目の前の
人の心を見て
動機づけることの
大事さか……

店舗がよくなることに向けてコアチームが結成され、そのコアチームが変革プロジェクトを推進していくことになりました。これまで（Story1）は、店長である魁さんや、組織開発支援者である水科さんが変革プロジェクトの中心でした。そして今回（Story2）は、コアチームのメンバーとなった、新人の広瀬さんや、若手の花見さんが変革プロジェクトへのやる気を高めています。組織開発を推進していこうとする人たちの輪が広がりつつあります。

それと同時に、誰がこのストーリーの主人公かが、だんだんわからなくなってきたのではないでしょうか。

実は、組織開発の推進には、**いろいろな役割を果たす人**が必要です。誰か一人が主人公となって、その人が職場や組織をよくしていくというものではありません。**組織開発のストーリーの主人公がだんだん増えていき、皆が主人公（＝当事者）になっていく過程**こそが、組織開発らしさです。

このPartでは、組織開発において、職場や組織のメンバーが当事者となって推進していくことがなぜ必要なのかを説明していきます。また、組織開発を推進する際に、どのような人たちが必要とされ、その役割はどのようなものかについても検討しましょう。

2-1

「見えないものを見ようとする」ことの大切さ

◆目の前の人の心に目を向けることの難しさ

店長の魁さんは、組織開発チームの水科さんから、**「目の前の人の心を見えるようにならないと」**と言われました。このシーンを読んだときに、皆さんは自分自身のことをどんなふうに感じましたか?

「自分にも思い当たる節がある」「自分もそうだなぁ」とお感じになったとしたら、それはよい兆候です。人の心という、見えないものを見ようとしている表れでしょう。逆に、「自分はできている」とお感じになったとしたら、それは黄色信号かもしれません。

私たちは、学校や会社で課題を達成することに取り組んできました。そうした経験を通して、仕事や課題の内容に目を向けることの重要さを学習していきます。

私たちは、いろいろなものを同時に見ることはできません。つまり、仕事や課題に目を向けることを学習していった結果、目の前の人の心に目を向けることが減ってしまう傾向があるのです。

たとえば会議では、業績の目標や結果という数値を中心にした会話が進み、どのように達成するか、どのように解決するかという、仕事や課題の内容が多く話されていることと思います。37ページの図表1-1の氷山図でいう、氷山の水面上（職場のハード面）について話されることが多く、氷山の水面下で起こっている人間的側面（一人ひとりの意識やモチベーション、コミュニケーションのありよう、お互いの影響など）について会話がなされる時間はほとんどないのが現実ではないでしょうか（話されたとしても、会議後に安心できる人と数人で話され、職場全体にオープンになることは少ないでしょう）。**語られないことは目には見えにくく、話される内容の中心となる仕事や課題に対して目が向きやすくなるのは自然なこと**です。

『星の王子様』（サン・テグジュペリ著）では以下のようなことを語るシーンがあります。

おとなは数字が好きだから。新しい友だちのことを話しても、おとなは、いちばんたいせつなことはなにも聞かない。
（中略：「何歳？」など数字をきいて）その子のことがわかった気になる。
（中略）

ものごとはね、心で見なくてはよく見えない。いちばんたいせつなことは、目に見えない。

◆人間的側面に目を向けるために

人の心という人間的側面において、氷山の水面下でいろいろな出来事が起こっていますが、**見ようとしない限り、見えてきません**。

目に見えにくい、人の心の中で起こっていることを見ようとするためには、声をかけて尋ね、その人の心の中で起こっていることを話してもらうことから始まります。そして、自分の心の中で起こっていることを伝えることで、魁さんと花見さんとのやりとりのような、人間的側面のレベルについての対話が可能になります。

組織開発を進めようとする際に、もっとも重要な姿勢やありようは、人の心を含めた、

ストーリーの冒頭では魁さんも、人間的側面に対して目を向けられていなかったと言える

目に見えにくい人間的側面を見ようとすることです。

ハイフェッツは、「適応課題」においては、目の前に起こっていることの本質を観察して、しっかりと把握することが重要だと述べています。今ここで何が起こっているのかを見ようとすること、尋ねることが、職場や組織がよくなっていく第一歩であり、組織開発の3ステップの最初の「見える化」につながっていきます。

2-2 変化の推進力となる「コアチーム」

◆変化への推進力と抑制力

職場や組織に何らかの問題があるとき、ほとんどの場合、「そのままでよい」と感じている人たちと、「よくしていきたい」と感じている人たちの両方がいます。そして、「よくしていきたい」と感じている人たちは少数派である場合が多いです。この状態では、「そのままでよい」というパワー（**変化への抑制力**）と、「よくしていきたい」というパワー（**変化への推進力**）は、前者の方が強いか、均衡状態です。

人は「変われ」と言われても変わりません。よくしていく取り組みも、その人の心の中で変わることの意味が腹落ちしなければ、表面上は反対しなくても、心の中では抵抗し、自ら変わろうとはしないものです。

職場や組織に変化が起こるためには、変化への推進力が高まる必要があります（図表2-1）。少数派である「よくしていきたい」という人たちのエネルギーが高まり、「そのままでよい」と感じている人たちに働きかけることを通して、変化への推進力が抑制力を徐々に上回ることで、変化が起こっていきます。職場や組織で起こっている問題に対して、自分事として捉え、よくしていくことに向けて他の人たちに働きかけていく行動が、変化を推進していくのです。

◆推進力を高めるコアチーム

しかし、職場をよくしたいと感じていても、一人の力では推進力が高まりません。**変化への推進力を高めるための鍵**となるのが**コアチーム**です。よくしたいと思っている人たちがコアチームとなることでお互いのエネルギーが高まり、変化への推進力がより高まっていきます。コアチームを結成する際には、誰をメンバーとするかを決める必要があります。その際のポイントは、**①よくしていく推進力（原動力）が高まること、②職場や組織の縮図になること**の2つです。

①よくしていく推進力が高まること

目指す望ましい状態やよくしていきたい志が同じ人たちにコアメンバーになってもらいます（ストーリーの中の広瀬さんや花見さんが該当）。

望ましいのは次のような人たちです。

図表2-1　変化への推進力と抑制力

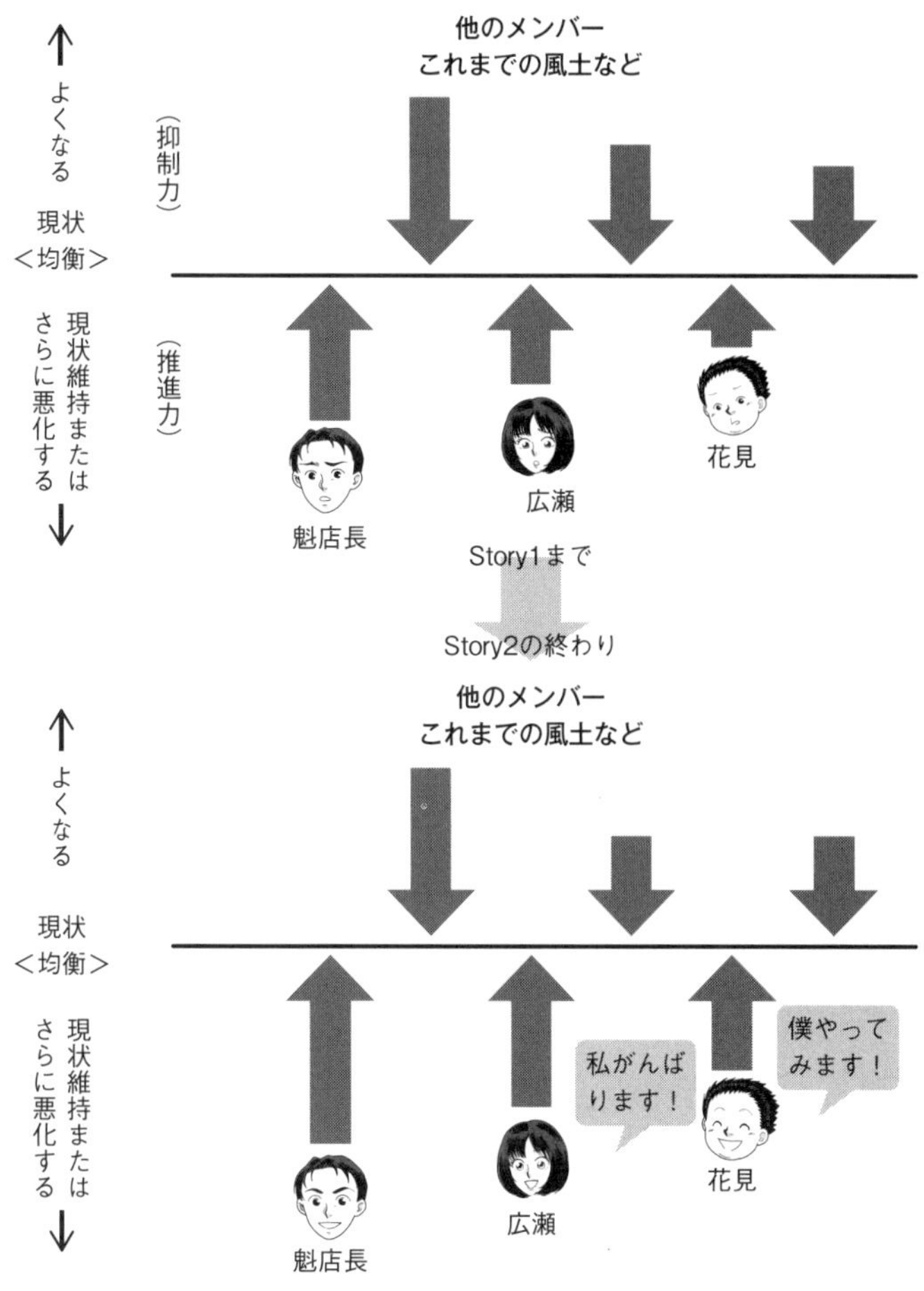

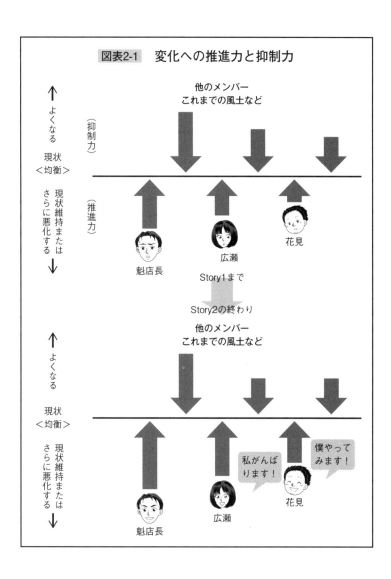

- **現状に対して問題意識をもっている人**
- **職場や組織がよりよくなることを望んでいる人**
- **人や関係性という人間的側面に関心をもっている人**
- **人と協働すること（チームとして仕事をすること）が大切だと考えている人**

同じような志や価値観をもつ、同質的なメンバーを集めることになります。

②職場や組織の縮図になること

これは、職場や組織の中にいる多様なメンバーを含めて、職場や組織の縮小版のようなチームを構成することを目指すということです。つまり、異質なメンバーを含めることになります。本書のストーリーでは、マネジャーの明本さんが該当します。

職場や組織の縮図となるようなコアチームにするためには、次のような人たちにコアチームのメンバーに加わってもらいます。

- **違う見方や考え方をもっている人（ただし、よくしていくこと自体には賛同）**
- **まわりにすぐに同調しない、自分の考えをもっている人**

・実行する権限がある人

ただし、あまりにも目指す状態や価値観が違い過ぎて、コアチームの話し合いの中でプロジェクトの推進を常に反対する場合は、変化の抑制力となってしまいます。その場合は、コアチームが機能しなくなり、組織開発の取り組みが進まなくなるので、注意が必要です。

2-3 組織開発を推進する

◆コアチーム以外に必要な役割

職場や組織がよくなっていくことに向けて、コアチーム以外にも必要な機能や役割があります。**変革リーダー**、**組織開発支援者**、そして、**スポンサー**です。以下では、それぞれについて、どのような人がどのような機能を果たしていくのかを紹介していきます。

◆変革リーダー

変革リーダーは、本書のストーリーでは、店長の魁さんが該当します。

組織開発に取り組む職場や組織のリーダーであり、組織開発の実施を決定し、変革を推進していく人物です。店舗で取り組みが行われる場合は店長、課で行われる場合は課長、部門なら部門長、工場なら工場長、会社全体の場合は社長か人事担当役員、というように、変革リーダーは組織開発の取り組みをする対象のトップ（＝マネジャー）であることが多いです。

図表2-2　変革リーダーの役割

- 望ましい状態に向けて、組織開発の取り組みを推進する
- 組織開発支援者のサポートを受けながら、取り組みを実施する
- 取り組みや話し合いの際、メンバーに呼びかけ、目的や意味を伝える（指示命令や予定調和を避ける）
- メンバーとともに現状について探究し、気づきを得ていく
- 未来づくりの取り組みが実現されるよう働きかける

変革リーダーの役割は、望ましい状態に向けて、組織開発の取り組みを推進していくことです。次に紹介する、組織開発支援者によるサポートを仰ぎ、組織開発支援者と相談しながら取り組みを実施してきます。

取り組みや話し合いを行う前に、メンバーに呼びかけ、その目的や意味を伝えていきます。また、実際に取り組みや話し合いをするときには、部下に指示命令をしませんし、話し合いの場をコントロールして予定調和的になることを避けるよう留意するのも変革リーダーに求められることです。変革リーダーは、「見える化→ガチ対話→未来づくり」の対話を通して、メンバー

（部下）とともに自分も現状について探究し、気づきを得ていきます。

さらに、「未来づくり」で決定された取り組みの計画が実行されるよう、見守りながらサポートし、変化が持続するように働きかけます。

◆組織開発支援者

組織開発支援者は、本書のストーリーでは、本社組織開発チームの水科さんが該当します。

通常は、社内の組織開発をよく知る人、組織開発に関する部署（人材・組織開発室など）の人、社外の組織開発コンサルタント、などであることが多いです。これらの人は、組織開発の取り組みの対象となる職場や部門に属しておらず、**第三者として組織開発の取り組みを支援していきます**。

組織開発支援者の役割は、何をするかを指示し、変革をリードすることではありません。むしろ、**取り組みをサポートし、伴走する役割**を担います。

最初の段階では、組織開発とは何かを説明し、その進め方を伝えるとともに、職場や組織の人間的側面に目を向けることの意味を伝えていきます。その後は、変革リーダーやメンバーが組織開発の3ステップ「見える化→ガチ対話→未来づくり」を自分たちで進めて

図表2-3　組織開発支援者の役割

- 組織開発の取り組みをサポートし、伴走する
- 最初の段階で、組織開発とは何か、その目的、人間的側面に目を向けることの意義を伝える
- 変革リーダー、メンバーが組織開発を進める過程をファシリテートし、支援する

いくことができるように、その過程をファシリテートし、支援していきます。

組織開発支援者の関わり方や支援の仕方は、**「プロセス・コンサルテーション」**と呼ばれています。これについては126ページで詳しく解説していきます。

◆スポンサー

スポンサーは、**組織開発の取り組みを理解し、心理的にも金銭的にもサポートする人**です。

組織開発の取り組みには、対話の時間を設ける必要があったり、社外コンサルタントに依頼するお金が必要とな

図表2-4　スポンサーの役割

- 組織開発の取り組みの目的や意味、目指す状態、進め方について理解する
- 組織開発の取り組みに対して、心理的、金銭的にサポートする
- コストをかけて取り組むことを決定する（その権限がある）

ったりする場合があります。時間やお金というコストをかけて取り組みを実施することを決定する権限がある人がスポンサーです。

スポンサーになり得る人たちは、たとえば、課で取り組む場合は部長、部で取り組む場合は役員、全社で取り組む場合は社長や人事担当役員です。

これらの人が組織開発の取り組みに理解を示さない場合、取り組みを継続的に実施することが非常に難しくなります。そのため、取り組みを始める前に、組織開発の取り組みの目的や意味、取り組みが目指す状態や進め方についてスポンサーに説明をして、理解を得る必要があります。

なお、変革リーダーとスポンサーが同じ人の場合もあります。時間やお金をかけることについての決定ができ、かつ、変革を推進しようとする人です。本書のストーリーの魁さんは、変革リーダーであり、かつ、スポンサーです。

2-4 プロセス・コンサルテーション——組織開発支援者の支援の仕方

◆支援の3つの型

ここでは、本書のストーリーにおける水科さんの役割に光を当てて考えていきましょう。水科さんは、組織開発の取り組みを支援する、社内コンサルタントまたはファシリテーターのような役割をしています。

組織開発支援者の役割を考える際に、エドガー・シャインが提唱した、**「支援の3つの型」**という整理が役に立ちます。ちなみにシャインは、キャリア開発、組織文化の研究などでも非常に有名な研究者ですが、彼は元々（そして今でも）組織開発の研究者であり、実践者です。これから紹介する、「支援の3つの型」という理論は彼が1969年に提唱したものです。

シャインは、人を支援したり、組織の変革を支援する場合には、3つの型があるとしました。**専門家型**、**医師・患者型**、**プロセス・コンサルテーション型**です。

◆専門家型：解決策や情報を教えてもらう

専門家型は、**解決策や情報を専門家に教えてもらう**という支援のされ方です。たとえば、適切な人事制度が設計できないのでコンサルタントにつくってもらう、業務をＩＴ化するためにシステム・エンジニアを雇う、などが専門家型の支援です。

シャインは、**専門家型の支援が有効なのは、職場や組織の人たちが自分たちの問題点を理解しており、コンサルタントや支援者が提供する解決策がその問題の解決に役立つことを理解している場合**だとしました。ハイフェッツとの関連で言えば、直面している問題が「技術的問題」で、支援者がその専門家またはオーソリティである場合に、この支援のタイプが機能する、ということになります。

◆医師 - 患者型：診断して処方箋をもらう

医師 - 患者型の支援は、医師に検査を依頼して診断結果と処方箋をもらうように、**職場や組織の現状についてデータを集め**（サーベイやヒアリング）、**その診断結果と解決策を報告してもらう**というものです。

この支援のタイプは、現状で何が問題かがわからない場合に機能します。そして、教えられた解決策が実行できる場合は、問題が解決する可能性があります。

しかし、実際には問題が解決しない場合が多々あります。というのも、巷では数多くの組織サーベイが行われ、結果と解決策が組織や職場の上長に報告されますが、それだけでは職場や組織は変わっていきません。その理由としては、**与えられた解決策はなかなか実行されない**こと、そして、職場や組織の人間的側面の問題には「適応課題」が含まれていることが多く、**外から与えられた診断結果と解決策では対処できない**こと、が挙げられます。

職場や組織の人間的側面で起こっている問題（＝適応課題）に対処していくためには、当事者の間での対話によって現状の問題を探究し、問題を見定め、解決方法を自分たちで考えて実行していく必要があります。そのプロセスを支援するのが、プロセス・コンサルテーション型の支援です。

◆プロセス・コンサルテーション型：伴走者として支援する

プロセス・コンサルテーション型による支援は、解決策を与えてもらう支援（＝専門家型）や、現状を診断して解決策を教えてもらう支援（＝医師 - 患者型）とは異なります。メタボ体質になってしまった中年男性がダイエットをするという例をもとに、その違いを

図表2-5　支援の3つの型

	概要	効果的な場面
専門家型	解決策や情報を教えてもらう	職場や組織の人たちが自分たちの問題点を理解していて、コンサルタントや支援者が提供する解決策がその問題の解決に役立つことを理解している場合
医師 - 患者型	診断して処方箋をもらう	現状で何が問題かがわからず、診断によって見定められた解決策が自分たちで持続的に実行できる場合
プロセス・コンサルテーション型	伴走者として支援する	当事者が現状での問題に気づき、解決方法を自ら考えて実行する必要がある場合（適応課題）

考えてみましょう。

専門家型は、ダイエットジムのコースに申し込み、専門家であるトレーナーの指示を受けてダイエットに取り組むような場合です。ダイエットに成功する場合もありますが、コース終了後にリバウンドが起こることもあります。

医師 - 患者型は、メタボ健診を受けて、検査による診断結果と指導を聞くような場合です。自分の身体の状態はわかる反面、医師による指導（たとえば、「食事量を減らしましょう」「運動をしましょう」）に対して、その場では「はい、わかりました」と答えたとしても、実際は指導されたことを実行しない、ということがよく起きます。

プロセス・コンサルテーション型による支援は、**自分で現状に気づき、自分で改善策を計画し、実行していくように働きかける**というものです。相談者が自ら考え、自ら行動計画を立て、実行していく、コーチングやカウンセリングと似ています。

組織開発では、「見える化→ガチ対話→未来づくり」のステップを自分たちで回していけるように、そのプロセスを促進し、支援していきます。

◆プロセス・コンサルテーション型による支援例

本書のストーリーをもとに、プロセス・コンサルテーションをさらに詳しく考えていきます。

まず水科さんがしていたのは、「見える化」の支援でした。第三者としてヒアリングを行い、店舗の現状での問題を整理して、対話のきっかけとして報告をしました。その後は、Story1のフィードバック・ミーティングの場（「見える化」のステップ）で、自分の見方は極力伝えずに、メンバーの見方や感じ方が表明されるような促進（ファシリテーション）をしていきました。

また、Story2のコアチームの話し合いでは、広瀬さんから「私たちは何をすればいいんですか」と尋ねられたときに、水科さんは「私や店長が指示するのではなく、メンバーたちの話し合いで決めていきます」と答えました。この場面で水科さんが指示をしたら、専門家型の支援に該当します。しかし、水科さんは指示をせず、コアチームのメンバーが現状の問題を見定めて、何を取り組むかを決めていくことの大切さを伝えました。

水科さんの動きに着目してStory1、Story2を再読すると、プロセス・コンサルテーション型の支援のイメージがつきやすくなるだろう

目に見えにくい人間的側面の問題に対処していくのは当事者であり、組織開発支援者はそのプロセスが推進されるように支援する、という、プロセス・コンサルテーション型の進め方がここにも表れています。

◆〝伴走者〟という支援関係を築く

職場や組織の人間的側面で起こる問題の多くは「適応課題」であり、当事者が自分たちで対話を通して探究し、対処していくことが必要です。**その過程を〝伴走者〟として関わっていく**のが、プロセス・コンサルテーション型の支援です。

ちなみにシャインは、この型の支援で重要なことは、**支援関係を築く**ことだと言っています。通常のコンサルティングのように、何か指示したり、代わりにやってくれるという関係にならないことがポイントです。プロセス・コンサルテーション型の支援関係を築くためには、組織開発支援者が、時にデータを集め、時に対話を促すファシリテーターとなりながら、自分たちで気づき、解決策を計画して実行していく過程を伴走する役割である、ということを当事者たちに理解してもらうことから始まります。そして、そのような支援関係が築かれていくことが、組織開発を推進するうえで基礎となるのです。

Part 3

個業から協働へ

Story3 教え合える関係へ
コアチーム・ミーティング
TAIGA 大賀
明本さんは商談が長引いて遅れるという連絡がありました
じゃあ時間も限られているし先に始めようか
あの……
コアチームの活動についてなんですが……
具体的に何をどうやればいいのかさっぱりわからないいんですけど……
いえ、あのやる気はあるんですよ！

何をすればいいか
ではなく
何が問題かを
考えるといいですよ
えっと……？
たとえば先日の
フィードバック・ミーティングで
出たこの店舗の問題点で
自分の気持ちと
一番かけ離れた
意見は何でしたか？
うーん
意見交換や朝会が
時間のムダだと
いう意見ですね……
広瀬さんは逆に
なぜそれが必要だと
思っているんですか？

いろいろと教えてほしいんです私何も知らないから
あ、でも……

でも？

でも、先輩たちは自分のことしか考えてなくてライバル同士みたいで教えてくれないし……

チームという感じがしない……

あ あの～……

僕も教えてもらったことあまりないです……

営業のノウハウは自分でつかめ
足で稼いでナンボとっとと外に行け

教えたり協力したりが少ない
個業化した仕事の仕方になっているのかも……
個業化……確かに……
もっと協力して教え合える関係になっていくことを目指して話をするなら
朝会も時間のムダだと思われないんじゃないでしょうか!
いいですね!朝の1分間スピーチとか?
それいいですね!
じゃあ朝会で営業のノウハウや体験談を話してもらいましょう!

戻りました
おかえりなさい！
お疲れさまです！
今朝会で1分間スピーチをして営業ノウハウを教え合おうというアイデアが出ているんです
……
うまくいくとは思わないがまあやってみたら
はい！

朝会？ またやるの？
はい！
それで 1分間スピーチとかも いいかなって いう話になって
何話せば いいんだよ
えっと…… 営業ノウハウとかは どうですか？
は？
教えるわけないでしょ

何？
忙しいんだけど
あの……
また朝会やるので
そこで営業での
経験談とか教えて
もらえませんか？
みんなの前で？
それは無理
がっくり…
ダメでした……
そっか
じゃあ今度は
僕がやってみるよ
花見！
これ
コピー
はい
SUGOI CAR
CATALOG

ガー
……
お礼状ですか？いいですね～
だろ？本当にありがたい内容なんだよ
へえ
聞きたいか？
はい、ぜひ！

あのな……
それは数ヶ月前――
実は……ワゴン車に買い換えようかと考えていて……
そうですか！でしたら……
実は去年父が車椅子生活になってから
出かけることを渋るようになってしまって……
そうですか
自分のために車を買わなくてもいいって車を買い換えるのも反対しているんです
でもまた家族みんなで出かけるのが私たちの夢なんです……
ぷいっ

その夢……私に叶えさせてくださいませんか？
えっ？
お客さまの夢を叶えるのが私の夢なんです！
その夢私に叶えさせてください！
はいよろしくお願いします
それからオレは考えて
ご主人だけでなく奥さまも運転しやすいように
バックモニタをつけた車を試乗していただいたりした

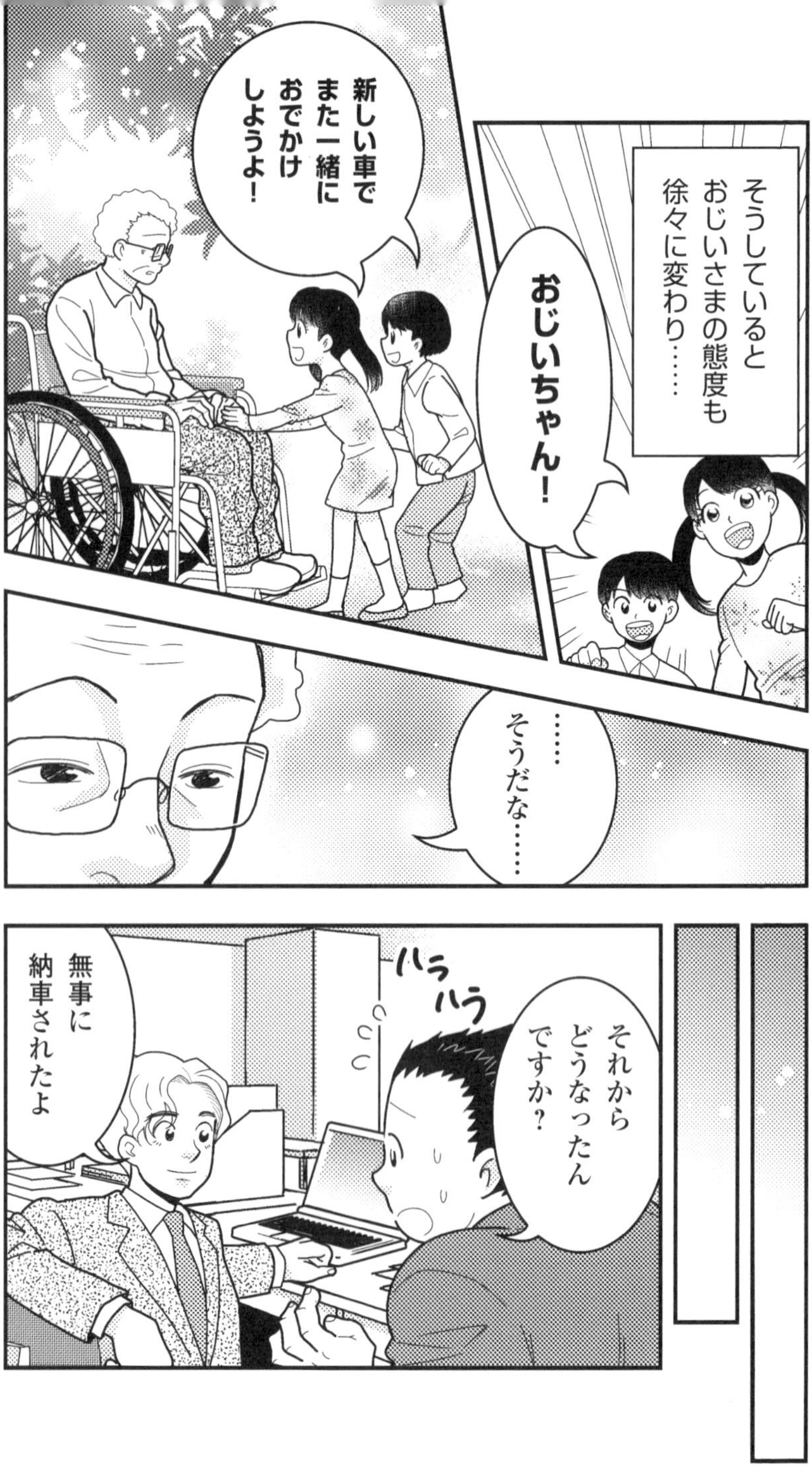

そうしていると
おじいさまの態度も
徐々に変わり……
おじいちゃん！
新しい車で
また一緒に
おでかけ
しようよ！
……
そうだな……
それから
どうなったん
ですか？
ハラ
ハラ
無事に
納車されたよ

それで
手紙にこれが
同封されてた
それっ……
すごくいい話じゃ
ないですかっ……
じーん…
お前
感動しすぎ
営業って
いい仕事
なんですね!!
おう そうだぞ!
大変で辛いこと
ばかりだけどな
お客さまの一言で
そんなの全部ふき
飛んじまうんだよな!

朝会再開の日
先日 鈴木先輩がお礼状をいただいて僕はその内容に感動しました
ぜひその内容を皆さんにお話してくださいませんか?
ちょっ…… お前……
それはぜひ聞きたい! お願いします!
わかりましたよ…… 実は――
いい話だな
ちょっとグッときたなぁ
オレにもあったよ

朝会後
先輩！
先ほどは無茶振りしてすみませんでした
本当だよびっくりするだろ
でもみんな感動していましたよ！
そ　そうか……
お客さまの心をつかんだ要因は何だったと思いますか？
……まああえて言うなら
お客さまの夢を叶えてあげるんじゃなくて
お客さまの夢を叶えることが自分の夢だって言ったことかな

別の日の朝会
先日の鈴木先輩のアプローチに感動したので僕も同じようにやってみたら成果がでました！
やりましたね！
パチパチ
でも軽ですけど
どっ
鈴木先輩のアプローチ私もぜひ真似させてください！
えっ……
お願いします！
僕も知りたいです！

しょうがないなぁ
あのな
お客さまの夢を
叶えてあげるん
じゃなくて……
花見さんのおかげで
教え合える関係への
アプローチの仕方が
つかめてきました
いやあ……偶然ですよ
無意識にお礼状が
気になっただけで……
つまり花見くんは
個業化という仕事の仕方に
無意識に働きかけを
していたんだね
働きかけ……

二人のおかげで再開した朝会はいい雰囲気で続いているよ
ありがとうございます
こういうチームで仕事するっていいですね！
それなら……水科さんとも検討したのですが
営業形態を個人主体ではなくチームで取り組む形にしてみてはどうだろう
いいと思います！
！

……
後日 朝会
今後 当店は チームで協働する 営業を目指して チーム営業を試行的に 導入します
まずは パイロット的に 一部をチームにして やっていきますので
ざわっ…
えー？
ヒソ
ボソ…
また新しいこと 始めるつもり かよ？
いいんじゃないか
ヒソ
ブツ
一人でやるより 結果が出るなら 賛成だな
ブツ

そしていよいよ チーム営業（パイロット版）開始
よし じゃあ 営業に行こう！
はい！
商談がうまく いかなくて……
お客さまと どんなやりとり したか教えて？
次はきっと うまくいくよ
一週間後
売れました！
やったな！
ガタッ
おめでとう！

どうですか？コアチームの活動は
やろうとしていることはとてもいいとは思います
しかし自分としては新しいやり方は受け入れがたいですね
……では外回りがありますので
……

コアチームによる対話で、店舗の根本的な問題が探究され、それは**「個業化した仕事の仕方」**になっていることだと見定められました。この段階は組織開発の「ガチ対話」のステップです。

引き続き、広瀬さんは、「もっと協力して教え合える関係になっていくこと」を目指して朝会を実行していくというアイデアを出し、それを実行していくことになりました。この段階が、望ましい状態とそれに向けた取り組みの計画・実行がなされる、**「未来づくり」**のステップです。

そして、コアチームの広瀬さんと花見さんが、新たな目的のもとでの朝会をスタートさせることに向けて、他の社員に働きかけていきました。「教え合える関係」という望ましい状態に向けて、二人の推進力が高まってきていることがわかります。

しかし、一人ひとりが顧客を抱えて結果を出す、個業化した仕事の仕方がこの店舗の風土になっている中、それが当たり前になっている社員からは反発を受けます。「営業のノウハウを教えるわけないでしょ」「みんなの前で話すなんて無理」そのように広瀬さんは言われてしまいます。

このような、今の状態に留まろうとする言動やパターンは、**「変化への抵抗」**と呼ばれています。これまでの風土や関係性とは違う、新しい状態を目指そうとするときは必ず、

「変化への抵抗」が起こります。
花見さんは、先輩社員がお客さまからもらったお礼状をニコニコと読んでいるのを見たことをきっかけに、先輩社員が営業で成功したストーリーと大切にしている志を知りました。再開した朝会でそのストーリーを伝えるよう、花見さんが働きかけ、先輩社員は照れながらも語ってくれました。成功したストーリーを教え合うというやりとりが、新しい関わり方の小さな成功体験となり、朝会への意味づけが、以前の「時間のムダ」から、「教え合う関係づくりの場」に変化し始め、抵抗が減っていくという様子も描かれていました。

花見さんの働きかけをきっかけに、個業から教え合える関係（協働）へと変化し始めた

本章のストーリーで描かれている仕事の個業化は、この店舗に限ったことではなく、日本の多くの組織において起こっています。また、仕事の個業化が、組織開発が求められる理由のひとつであることは、「はじめに」で述べた通りです。

そこでこのＰａｒｔでは、まず、**仕事の個業化はなぜ起こっているのか、どのような**

問題点があるのかについて検討し、そのうえで**協働型に変化していくためのポイント**を紹介していきます。

次に、組織開発の取り組みを展開する際に起きてくる、**変化への抵抗をどのように捉えるか**、望ましい状態に変化していくために**小さな成功体験を積み重ねることの重要性**について触れます。

小さな成功体験を積み重ねることで、職場は少しずつ変化していった

3-1 仕事の個業化から協働へ

◆仕事の個業化はなぜ起こるのか

仕事の個業化は、いろいろな業界で起こっています。

営業では一人ひとりが担当する顧客や地域をもち、一人で顧客に対応していきます。開発や設計では、開発する部品や部分に分けて、それらの部品や部分を個人の担当に割り振ります。製造現場では、自分が担当する工程や機械を一人で監視し、トラブル対応をします。

共通しているのは、私たちの仕事の仕方が、全体を部分に分けて割り振り、割り振られた部分を一人で担当すること、つまり、**「分業」**となっていることです。そして、分業された業務に一人で従事する傾向を、**仕事の個業化**と呼んでいます。

日本企業は1980年代まで、チームワークが強みとされていました。QCサークルで品質改善について皆で話し合う、小集団活動で生産性向上に取り組む、「ワイガヤ」でアイデアを出し合う、など、職場やチームで協働する仕事の仕方をとっていたことが背景にありました。
ところが現在では、分業と個業化が当たり前になっています。

個業化が進んだ理由として、たとえば次のようなことが挙げられます。

・パソコンや機械の自動化により、一人で行う業務が増えている
・仕事が専門化し、専門的知識や情報をもつ担当者だけがわかる業務が増えている
・業務の多忙化、効率化重視、時間外労働の抑制によって、ミーティングや打ち合わせが短くなっている
・分業された業務を一人で行うことが当たり前になっている

今後、働き方改革やリモートワークが進むと、個業化はより進むと考えられます。

◆仕事の個業化によるデメリット

チームで話し合い、協働していくためには、コミュニケーションにかかる時間が必要になります。会議の時間短縮に取り組む企業も多い中、そうしたコミュニケーション・コス

ト（やりとりをする時間や労力）を下げることができるのが、個業化のメリットです。また、自分のやり方やペースで仕事ができ、個人の力が発揮される（他者によって抑制されない）こともメリットです。

一方で、個業化のデメリットは、①チームとしての相乗効果が生まれない、②お互いの信頼関係やサポート関係が育まれない、③チーム力の低下（自分への関心が高まり、他の人やチームへの関心が低下する）、④一人で仕事を抱えることによるストレスやメンタルヘルスの問題、⑤教え合い、ともに学ぶことができない、⑥その結果としての長期的な人材育成が困難になる、などが挙げられます。

以上のように、個業化のメリットはコミュニケーション・コストが下がること、つまり、インプットが少なくなることです。一方で、協働で仕事をすることによって、チームによる相乗効果が高まり、イノベーションが起こる可能性があること、チーム力向上や人材育成といった長期的なアウトプットが高まる可能性があります。

要するに、**生産性向上のために何を目指すのか（インプットを減らすのか、アウトプットを高めるのか）**という点がポイントとなります。

図表3-1　個業化のメリット、デメリット

メリット

・コミュニケーション・コストが下がる（インプットが下がる）

・自分の裁量で仕事ができ、個人の力が発揮される（他者によって抑制されない）　など

↕

デメリット

・チームとしての相乗効果が生まれない

・お互いの信頼関係やサポート関係が育まれない

・チーム力の低下（自分への関心が高まり、他の人やチームへの関心が低下する）

・一人で仕事を抱えることによるストレスやメンタルヘルスの問題

・教え合い、ともに学ぶことができない

・その結果としての長期的な人材育成が困難になる　など

◆個業から協業（＝協働）へ

仕事の個業化が当たり前になってきており、今後もさらに進んでいくことでしょう。仕事の個業化という傾向に対して何もしなければ、前のページで挙げた個業化によるデメリットが増大し、人が本来有している、チームで協働する力が損なわれていくのは明白です。**仕事の仕方が個業から協業（＝協働）に変わっていくためには、何らかの取り組みを行って、意図的に働きかけていく必要がある**のです。

仕事の個業化が組織の文化になっている場合、仕事の仕方はなかなか変わりません。一方で、職場レベルで個業化した仕事の仕方を協働型に変えるためのポイントはシンプルです。**複数の人で話し合い、協働し、ともに学ぶ場や仕組みをつくること**、そして、**協働型を目指す意味を共有すること**です（ただし、言うのは簡単でも実際には難しい……というのが現実であるため、あくまでポイントとして捉えてください）。

協働し、ともに学ぶ場や仕組みをつくる例としては、本書のストーリーの中で紹介しているような、チーム営業の体制にする、お互いの経験を共有して学ぶ場をつくる（朝会はその一例）、チームで知恵を出し合いながら業務を行う、相互にフィードバックする場や仕組みをつくる、働き方改革や業務改善についてチームで対話し計画・実行する、などです。

ただし、Part1で言及したように、**手法だけ導入してもうまくいきません。**たとえば、営業の場合、チーム営業という手法を導入するのは「技術的問題」の解決策であり、個業化した営業が協働型に変わっていく可能性は低いでしょう。仕事の個業化という現状について、皆で「見える化→ガチ対話→未来づくり」のステップを回して探究し、意味づけや捉え方が変化する（＝学習する）過程が重要なのです。

図表3-2に個業から協働に変わっていくための留意点をまとめます。

ストーリーでもコアチーム内の「見える化→ガチ対話→未来づくり」という過程を通して職場が変化していった

ここまでは、個業から協働へと仕事の仕方が変化していくことについて検討してきました。次は、話題が少し変わりますが、組織開発の展開の仕方について説明していきます。

図表3-2　個業から協働に変わるために

（前提）
個業化している現状について、多くの人が「当たり前」と感じていたら変化は起きない

↓

仕事の個業化の状態について**「見える化→ガチ対話→未来づくり」**のステップを回す（個業化の問題やどのような状態を目指すかを共有する）

↓

仕事の仕方に対する意味づけが変化する

↓

そのうえで協働のための対話の場を定期的に設けたり、仕組みをともにつくっていく

3-2

組織開発を展開する

◆「構造化された組織開発」と「構造化されていない組織開発」

組織開発では、対話の場を設けて、その場に関係者が集まり、話し合いをしていく場面（Ｓｔｏｒｙ１のフィードバック・ミーティングが該当します）と、日頃の関わりの中で働きかけ、推進していく場面があります（Ｓｔｏｒｙ３で広瀬さんや花見さんが先輩社員に働きかけていたことが該当します）。前者は**構造化された組織開発**、後者は**構造化されていない組織開発的な関わりや働きかけ**です。

組織開発と聞くと、多くの人は、カタカナの名前の手法をするために集められて対話するイメージをもっているのではないでしょうか。また、組織開発を実践する人の中にも、「組織開発の手法を実施すること＝組織開発」と捉えている人がいます。つまり、構造化されたものだけを組織開発と捉えているのです。しかし、それは**組織開発の狭い捉え方**です。

本書のＳｔｏｒｙ１のフィードバック・ミーティングのように、ある手法を用いて構造化された取り組みを行うだけでは、職場や組織はなかなか変化していきません。構造化された対話の場で「見える化↓ガチ対話↓未来づくり」のステップが回り、未来づくりで合意された行動や取り組みが日頃の中で実行されて、はじめて変化が起こります。つまり、構造化された対話の場は変化のきっかけに過ぎず、重要なのは日頃の中で実行される、構造化されていない組織開発的な関わりや働きかけなのです。

ちなみに、組織開発コンサルタント（組織開発支援者）が会議に定期的に参加し、その会議の中で起こっている人間的側面に対して、その場で働きかけをしていくアプローチがあります。前述した「プロセス・コンサルテーション」のひとつの形で、これは構造化されていない組織開発に含まれます。

◆コアチームが自己革新力を高める

組織開発の定義の中に、職場や組織の「効果性、健全性、自己革新力を高める」という言葉がありました。組織開発では、職場や組織の人間的側面にも目を向けて、よくすることに取り組みますが、**特に重要なのは、その職場や組織の人たちの「自己革新力」を高めること**です。

自己革新力は、自己＝個人と捉えて、**個人が自分を変えていける力**を意味することもあります。組織開発では、メンバーが自分たちで問題に気づいて、よくすることに向けて自ら働きかけ、常に革新し学習し続けることが可能となるような、チームや職場、組織の力を意味します。つまり、**目に見えにくい人間的側面の問題を自分たちで解決し、持続的によくしていける力**であり、**〈見える化→ガチ対話→未来づくり〉のステップを自ら回し続けることができる力**が自己革新力です。

究極的には、職場や組織全体の自己革新力が高まることが望ましいですが、いきなりそのような状態にはなりません。まずは、コアチームから始まります。

組織開発を展開していくにあたってコアチームを結成した場合、まず、コアチームのメンバーが自分たちで問題に気づき、他のメンバーに働きかけていきます。これは、自己革新力がコアチームから高まることの表れです。そして、このような働きかけは日頃の中で行われることが多いです（Ｓｔｏｒｙ３での広瀬さんや花見さんによる働きかけなど）。

構造化された取り組みだけでは、自己革新力が高まる状態に至ることは難しいと言えます。構造化された取り組み（たとえば「フィードバック・ミーティング」などの対話の場）では、〈見える化→ガチ対話→未来づくり〉のステップが１回転しますが、それ

図表3-3　組織開発の構造化された取り組みと構造化されていない関わりや働きかけ

だけでは自分たちで〈見える化→ガチ対話→未来づくり〉のステップを回す力は高まりません。日常の業務の中で、現状について対話を通した探究をともに行うことで、その習慣を身につける必要があります。つまり、毎日の仕事の中で、**構造化されていない組織開発的な関わりや働きかけをしながら、〈見える化→ガチ対話→未来づくり〉の小さいサイクルを何回も回していく**ことを通して、職場や組織がよくなっていき、自己革新力も高まっていくのです。

このことからも、「構造化された取り組み」だけが組織開発ではない、と言えます。

3-3

「変化への抵抗」に対処する

◆変化への抵抗は健全な証

組織開発の取り組みが展開されていくと、対話の場をもつことや新しい企画することに対して、「それをやって意味があるの？」「忙しくてそれどころではない」と否定的な反応が返ってくるようになることが多々あります。組織開発を推進する人たちが、このような変化への抵抗をどのように捉えるかも、組織開発を展開する際の重要なポイントです。

まず、**変化への抵抗が反応として出てくる**（新しい取り組みに対して否定的な反応が表明される）**のは、自然なことで健全な証**です。

プロローグで、新店長として魁さんが赴任し、朝会などを実施したときは、不満や文句が出ませんでした。この状態では、否定的な反応や抵抗が社員の内面で起こりつつも、それらが表出されないので、対話することができません（一方向コミュニケーション、または、反応があっても本音が語られない**「儀礼的会話」**のレベル）。

Part1で紹介したように、人はさまざまな出来事に対して自分の中で意味づけをしています。対話が生まれないと、新しい取り組みをすることへの社員の否定的な意味づけ（「やっても意味がない」「そんな時間や余裕はない」など）は変わりません。そして、否定的な意味づけのまま、やらされ感満載で行われる取り組みからは、望ましい変化は生まれません。**新たな取り組みや試みを展開する際に、不満や文句、否定的な反応が出ないなど、変化への抵抗が表面化しないのが、もっとも望ましくない状態**です。

ちなみにStory3では、コアチームのメンバー（広瀬さんと花見さん）による「教え合える関係性」を目指した声かけに対して反対の声が出ていました。声をかけたのが若い二人だったため、正直な反応が出やすかったということもありますが、このように変化への抵抗が表明されることはよい兆候です。それは、やりとりのレベルが「儀礼的会話」から、率直な意見や正直な思いが語られる**「討論」**のレベルに移行している表れです。

Story0では、魁さんが朝会を提案しても、抵抗や批判すら生じなかった

やりとりが**「内省的な対話」**のレベルにさらに深化すると、組織開発はさらに進展していることになります。

◆否定的な反応に対処する

つづいて、新たな取り組みや企画を行うことに対して、否定的な反応をする人たちと関わっていく際の留意点を紹介していきます。

まず、**「見ているもの」や「意味づけの仕方」が違う**と捉えることです。Story3の中で広瀬さんや花見さんが先輩社員に、朝会で営業でのノウハウや経験談を伝えることを提案しました。二人は、それがこの店舗の個業化状態から脱して「教え合える関係性」になるという、肯定的な意味づけをしていました。しかし、先輩社員は「朝会をしても時間のムダ」「教え合うのは意味がないし、やりたくないこと」と否定的な意味づけをしています。**どちらが正しいという訳ではなく、人によって意味づけが違っている**のです。

意味づけが変化するためには、対話が必要です。広瀬さんは先輩社員に、朝会で営業の経験談やノウハウを話してほしい、という情報しか伝えていませんでした。つまり、朝会で話すことの意味を伝えていませんでした。どのような現状があり、それをすることにどのような目的や意味があるのかを伝え、「意味づけが変化する」対話を試みることができると、違う結果になっていたかもしれません。

しかし、対話を通してすべての人の意味づけが変わり、抵抗がなくなるわけではありません。**人は実際に体験してみないと、やることの意味が腹落ちしない**からです。

組織開発を展開する中で、次に大切になるのが、**「小さく試みてみること」（試行）**です。

◆小さく試みて成功体験を積み重ねる

Ｓｔｏｒｙ３では、再開した朝会で、花見さんが先輩に声をかけ、先輩が自分の成功体験を語ってくれました。それを聞いた何人かのメンバーは、「グッときたなぁ」「オレにもあったよ」と肯定的な反応をし、朝会で営業の成功体験を共有することに意味を感じ始めました。このように、実際に体験してみて、各自の意味づけが肯定的に変化するということがよく起こります。

また、Ｓｔｏｒｙ３の終盤では、チーム営業のパイロット的な導入が行われています。すぐに全員がチーム営業に移行するのではなく、小さな試みとしてパイロット的に試行し、それが成功したうえで広げていく、という進め方です。

図表3-4　小さな試みを回し続ける

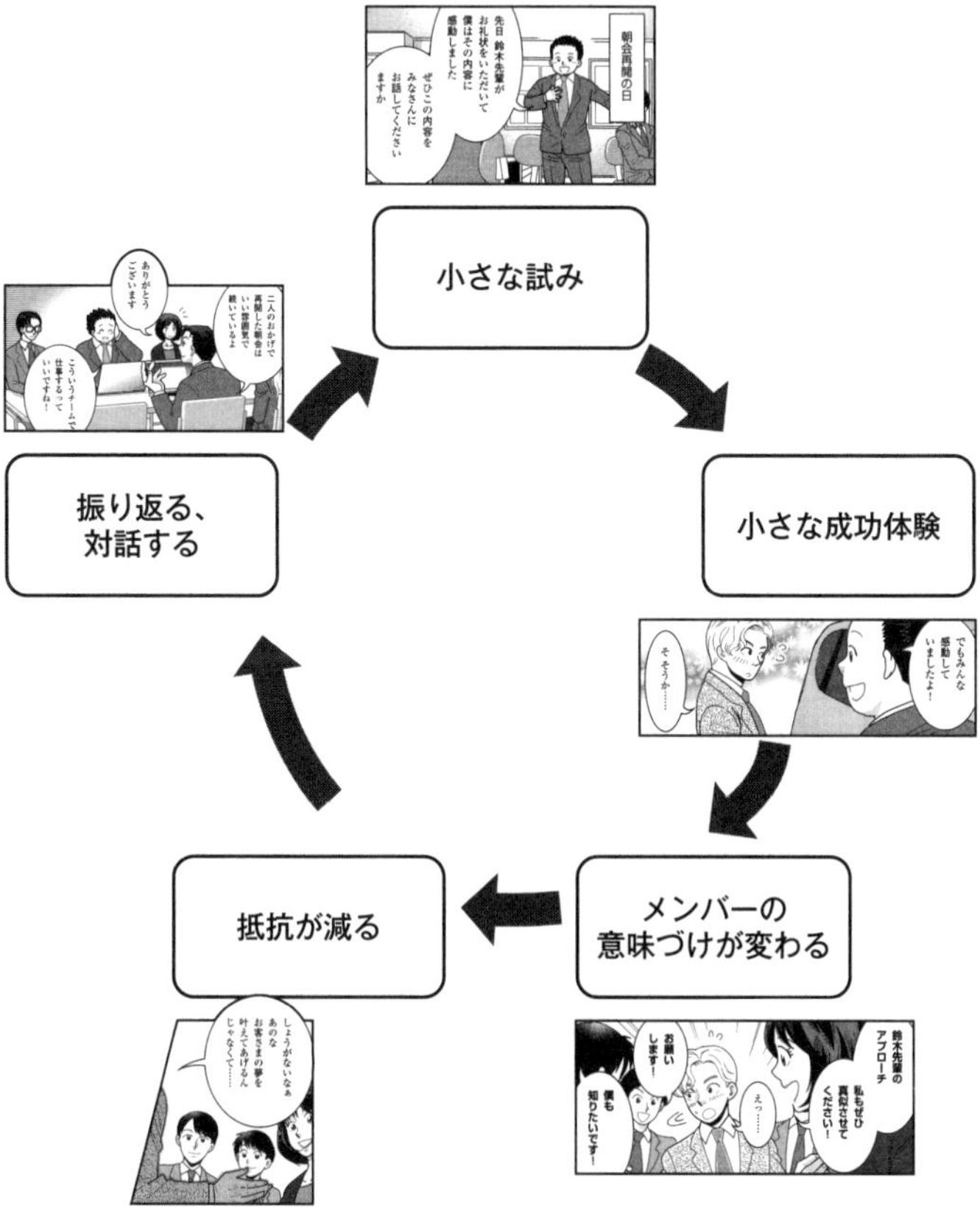

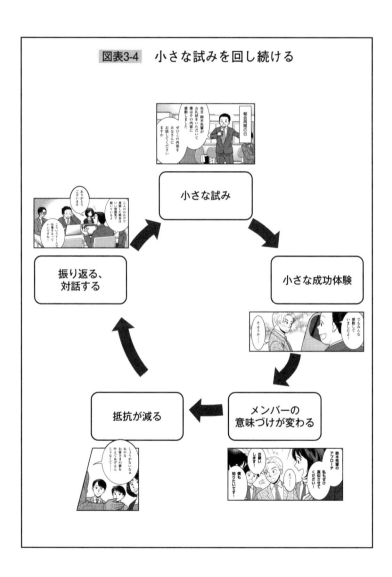

変革リーダーまたはコアチームがいきなり大きな取り組みを行うと、メンバーの抵抗も大きくなります。まずはコアチームが小さな試みをして、それをメンバーが体験し、メンバーの意味づけが少し変わって（＝メンバーの抵抗が減って）賛同者が増え、さらに次の試みを行う……というように、**スモールステップで試行していく**ことがポイントです。もちろん、試行するだけではなく、試行をふりかえり、体験して内省したことや気づいたことを皆で対話することで、気づきや学びが共有され、共同での経験学習が可能になります。

ストーリーの中でも、試行を通じて、徐々に「教え合える関係性」がつくられていった

Part 4

個人のマインドセットの変化

Story4　個業・業績中心からの脱却

戻りました
ガタ
では今日の外回りでもらってきた情報を教えてください
山下さまは燃費のことを考えると買い換えたいけど
最近の車の操作が不安だと言ってました
川田さまは車検は安いところでやるからとのことです
なるほど
そういう時はお客さんの不安に寄り添って……
格安車検の実態を提示して……
そうか！そういう提案もできますね！
カタカタ

酒
数字を
あげられなくて
何が営業だ
カン
カン
他人は他人
私は私
自分の仕事だけ
すればいいんだ
あっ
ずるっ
ズダダダッ
きゃーっ
わあ!!
…ポー ピーポー ピーポー…

翌日 病院
明本さん！
……
両脚の骨折と聞きましたが……具合はどうですか？
診断書です
命に別状がなくて本当によかった
仕事のフォローは我々がしますのでゆっくり休んで……

いいえ フォローは 不要です
しかし……
結構です 今までどおり 一人で対応 できます
……それと 今後の見舞いは 結構です
……わかりました 何かあったら いつでも連絡 してくださいね

スッ
スッ
明本さん！
病室内での
電話はダメですよ
……すみません
くそっ……
この契約が
流れでもしたら
今期の数字が
達成できない……
ズキン…

翌週
明本さん どうですか? 順調に……
見舞いは結構だと 言ったはずですが
今日は報告が ありまして
ピク
明本さんの 担当分なの ですが……
みんなで 手分けをして 何とか 進めています
今週に契約する 案件もあったん ですね

私の仕事に
勝手に手をつけたのか!!
ええ……
明本さん
動けませんし……
私の仕事は
私のものだ!
なんで他人に
横取りされなきゃ
ならないんだ!
はあ
はあ
私が動けない間に
仕事を全部取り上げて
店から追い出そうって
つもりだろう!
……明本さん

店舗にも私にも明本さんは必要です
詭弁だ！
あなたは店を大きく変えようとしているじゃないか！
店の数字は悪くないのにも関わらずだ！
そうでしたね
でも このままでは いずれ悪くなる
明本さんも気がついている はずです

……私は このやり方しか できない
コアチームだとか チーム営業だとか ……性に合わない
五木タクシーの 社長さんは 花見くんが伺ったとき ものすごく 怒ったそうです
明本くんじゃなきゃ ハンコは押さん! とね
明本さんの事情を ご説明して
復帰した際は 必ず引き継ぐと お約束して ようやく 納得されました

他にも
武藤不動産さんも
加藤運送さんも
明本さんでなければ
嫌だと……
こんなにもお取引先に
愛されているあなたを
どうして
店から追い出そうと
思うのですか
私も店舗のみんなも
同じです
店内トップの
営業ノウハウを
ぜんぶみんなに
教えてください
——っ
明本さん?
——ッ
ハハハハッ

私がみんなに
営業ノウハウを教える？
それ本気で
言っているんですか？
ええ
本気ですよ
いいですよ
教えてほしいなら
みんな
ぶつかってきてください
そのかわり
私が戻ったら
本気でいきます
今までみたいに
黙っていませんよ
望む
ところです！

それから数ヶ月後
明本さんが復帰したタイミングでチーム営業を店舗全体に導入
営業全体に一体感が出て店舗の空気が変わりました
ありがとうございました！
あ
前と比べて店の雰囲気が良くなったね
カタ カタ
はい魁で……あ、水科さん！

先日の
組織風土サーベイの結果
数字があがりましたよ
そうですか！
皆さんとても
がんばっていますね
この調子です！
ありがとう
ございます！
まったく
営業のやつら
うるさくて
かなわん
ほんと
ですよねー

営業マネジャーの明本さんは、個人で営業成績をあげることを重視して、これまで長年仕事をしてきました。彼は上司の指示に従うタイプで、店長の魁さんが推進する取り組み（コアチームによる変革の推進、朝会の再開、チーム営業の導入）に、表面上は合わせながらも、内心では賛同していませんでした。

明本さんと魁さんとは、営業という仕事に対する考え方や価値観が異なっていたのです。

私たちは誰もが、仕事やものごとに対する考え方や価値観をもっています。そして、組織の中にいると、その組織の中で主流になっている考え方や価値観に徐々に染まっていきます。

特に企業の中では、明本さんのような「個人で努力して結果を出すことが最優先である」という考え方をもつ人が大多数でしょう。

この主流派の考え方は、対話と協働を重視して「協働関係が育まれることによって業績が伸びる」と考える組織開発の考え方や価値観とは異なるため、対立や葛藤が起こることがしばしばあります。

このＰａｒｔでは、組織の中で主流となっている考え方と、組織開発で重視する考え方を、**「マインドセット」**という言葉を用いて対比させていきます。

Ｓｔｏｒｙ４の後半では、考え方や価値観が相容れない明本さんと魁さんが、「ガチ対話」を通して、協働関係を築き始めることができました。組織開発の取り組みを進める際に、このように考え方や価値観が相容れない人と対話することで、お互いの間の信頼関係や協働関係を築くことが重要になってきます。

以下では、考え方や価値観が相容れない人と対話し、協働関係づくりをしていく際の留意点を紹介してきます。

マインドセットの異なる明本さんと、どのような対話がなされたかを中心に検討していこう

4-1

マインドセット（思考様式）の違い

◆企業の中で優勢な「業績マインドセット」

人はそれぞれが、自分のものの見方や捉え方、心のもちよう、思考パターン、信念、価値観をもっています。これらの心の諸側面はそれぞれがつながっていて、たとえば、ものの見方は思考パターンに影響し、信念や価値観はものの見方に影響する、などのように、全体的なまとまりとして作用しています。たとえば、楽観的にものを見る人（ものの見方）は、自分や他者に対して肯定的（捉え方）で、未来志向的（思考パターン）であり、楽しむことや人を信じることも大切と考える（価値観）、というように関連しています。このように、ものの見方、思考様式、信念、価値観という心（マインド）がまとまり（セット）として相互関連しているので、これらの心の動きは**「マインドセット」**と呼ばれています。

マインドセットは個人差がありますが、組織の中にいると、**組織の中で主流派のマインドセットに染まっていくことが多い**です。それは、組織の文化やその組織の中で語られる言葉に影響され、同じようなマインドセットをもつようになっていくためです。
それぞれの組織には、主流となるマインドセットがありますが、日本企業で働く多くのビジネスパーソン（特にマネジャー）に共通するマインドセットもあります。それは、**上から求められる業績や結果を出さなければならず、結果を出すために仕事を個人に割り当てて、個人が努力して業務目標を達成する必要がある**、というものでしょう。それを本書では**「業績マインドセット」**と名付けます。本書のストーリーに登場する、明本さんも典型的な「業績マインドセット」をもっています。

仕事に関するマインドセットは、組織の中で働く過程で形成されます。そして、仕事をしながら形成されたマインドセットは、何かを判断し行動する際の軸になります。仕事の経験が長いほど、マインドセットは固定化し、揺らぎが少なく、変わりにくいものになっていきます。また、同じような思考様式をもつ人がまわりに多いほど、そのマインドセットは強化されます。「業績マインドセット」が日本のビジネスパーソンの主流になっているのはそのためです。

明本さんは典型的な「業績マインドセット」をもっている

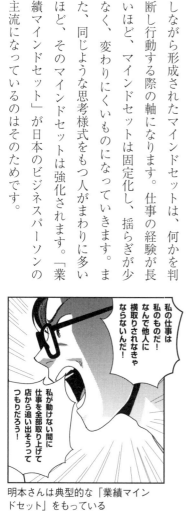

◆「業績マインドセット」と「組織開発的マインドセット」

一方で組織開発では、これまで述べてきたように、人間的側面で起こっている「適応課題」に対して対話を通して探究すること、仕事の仕方が個業から協働に変わることを重視しています。そして、**職場の人間的側面の効果性や健全性が高まり、チームとしてより協働し、ともに学習することによって、結果として業績があがる**と発想します。このような組織開発の思考様式や価値観を、本書では**「組織開発的マインドセット」**と名付けます。

図表4-1には、「業績マインドセット」と「組織開発的マインドセット」の要点を挙げました。日本のビジネスパーソン（特にマネジャー）の多くがもつ「業績マインドセット」と、対話と協働を重視する「組織開発マインドセット」は対照的です。「業績マインドセット」と「組織開発的マインドセット」は、一方が絶対的に正しかったり、優れていたりするというものではありません。本書で紹介してきた中で言えることは、**「適応課題」への対処には「組織開発的マインドセット」が効果的である**ということです。

図表4-1　組織の中で主流な「業績マインドセット」と「組織開発的マインドセット」

日本の組織で主流となっている「業績マインドセット」	対話と協働を重視する「組織開発的マインドセット」
結果や業績を優先	協働関係が育まれることで業績がさらにあがる
短期的な結果や業績を重視	人間的側面の長期的な発達・成長も重視
分業による個業と効率化	対話と協働による学習と革新
提案と承認（マネジャーに提案し、マネジャーが承認）	対話と探究（マネジャーもともに探究）
技術的問題を既存の方法で解決	適応課題に対して、皆が自分事と捉えて探究し、試行し、ともに学ぶ
“変える”	“変わる”
X理論のマネジメント観	Y理論のマネジメント観

本書のストーリーでは、明本さんが「業績マインドセット」をもち、店長の魁さんは（組織開発の取り組みを通して変化してきたことが影響して）「組織開発的マインドセット」をもっています。そして、対照的なマインドセットをもつために、明本さんは魁さんとの違いを感じ続け、ついにＳｔｏｒｙ４でぶつかりました。

組織開発を展開していく際には、マインドセットが相容れず、対立や葛藤が起こることがあります。そして、組織開発を推進するうえで、相容れないマインドセット（＝「業績マインドセット」）をもつ人とどのように対話し、協働関係を築くかというのも大切なポイントになります。

4-2 相容れない人との対話

◆「うまくいかない関わり」のパターン

組織開発を展開しようとすると、「組織開発的マインドセット」をもつ人が、「業績マインドセット」をもつ人と、職場や組織をともによくしていくために、話し合う必要がある場面に遭遇します（店長の魁さんが入院中の明本さんのお見舞いに行った場面のように）。そのような、マインドセットが相容れない人と関わって、話し合いをする状況でのやりとりを、Ｐａｒｔ１で紹介したオットー・シャーマーたちの４つのレベルに当てはめて考えてみましょう。

まず、①の「儀礼的な会話」は、明本さんが入院する前までの、彼の魁さんへの関わり方でした。対立は起きませんが、お互いが影響し合って変化することも起きません。②の「討論」は、私たちは日常で、相容れないマインドセットをもつ人との間でしがちなやりとりです。「討論」では、お互いを理解し合うことはなく、協働関係も築かれません。

◆相容れない人との対話と協働関係づくり

Story4の中で、魁さんが試みたのは③の**「内省的な対話」**でした。相手の話を共感的に聴き、相手の強みに光を当てて伝えていきました。魁さんがどちらかのマインドセットが正しく、どちらかが間違っているとは捉えなかったことにより、②の「討論」のレベルにはならず、相手（明本さん）に共感することが可能になりました。

④の**「生成的な対話」**は、全体に目を向けながら、共通の未来の実現に向けて対話し、個人の立場やマインドセットの違いを越えて、新しいアイデアや可能性が生まれてくるものです。マインドセットが相容れない人との協働が可能となる対話のレベルです。

このような**「生成的な対話」がマインドセットが相容れない人とできるようになるためには、「内省的な対話」を通して安心感や信頼感という基盤が築かれる必要があります。**

ストーリーの中で魁さんが「内省的な対話」を試みたことが、協働への後押しとなった

マインドセットや関わり方が違う人との間に葛藤や対立がある場合、お互いの間に起こ

っている問題に目を向けて、それらを解決しようとしても、問題ばかりが見えてきて、うまくいかないことがあります。相容れない人と協働していくためには、魁さんのように、相手の強みに光を当てて、**お互いの強みやよさが発揮されることを探究する対話**が重要だとする、組織開発のアプローチがあります。それは、**アプリシエイティブ・インクワイアリー**（略してＡＩ）というものです。

◆ＡＩ（アプリシエイティブ・インクワイアリー）の考え方を対話に活かす

ＡＩは、組織開発の中でも最近脚光を浴びているアプローチです。アプリシエイティブは「**価値がある、肯定的に評価する**」、インクワイアリーは「**探究**」という意味です。

提唱者のディヴィッド・クーパーライダーは、組織開発や変革のほとんどのアプローチが問題や欠陥（＝うまくいっていないこと）に焦点を絞り、それを解決することを目指していると位置付けました。そして彼

魁さんの明本さんへの語りかけにも、AIの考え方が活かされている

は、問題に焦点を絞るのではなく、**人や組織の強みやうまく機能していることに着目して、それを最大限に発揮させるにはどうすればいいかを探究する**ことの重要性を主張しました。つまりＡＩでは、人やチーム、組織のすでに価値がある良さや強みに光を当てて探究し、皆が共通に望む未来に向けて価値や強みを発揮させていくにはどうしたらよいかを対話していきます。

思考様式や価値観が相容れない人と協働していくためには、ＡＩの考え方のように、**相手と自分の強みに光を当てて、お互いが望む未来の実現に向けて対話をする**ことがポイントです。

お互いの強みに光を当てながら対話していくことは、多様性の高いチームにおいて、お互いの間にある違いを乗り越えて協働していく際にも大切になってきます。

考え方や価値観、仕事に対する思いが違うメンバーとともに働く場合、スムーズに進まないためにイライラしたり、葛藤を感じたり、意見や考え方の相違から「討論」になって物事が決まらなかったりすることがあります。このような葛藤や対立を解決することは可能でしょうが、人々の間にさまざまな違いがある場合、同じような葛藤や対立が再浮上することが多いです。**常に問題を解決しようとすると、エネルギーを消耗し、チームは**

図表4-2　AIの考え方を活かした対話

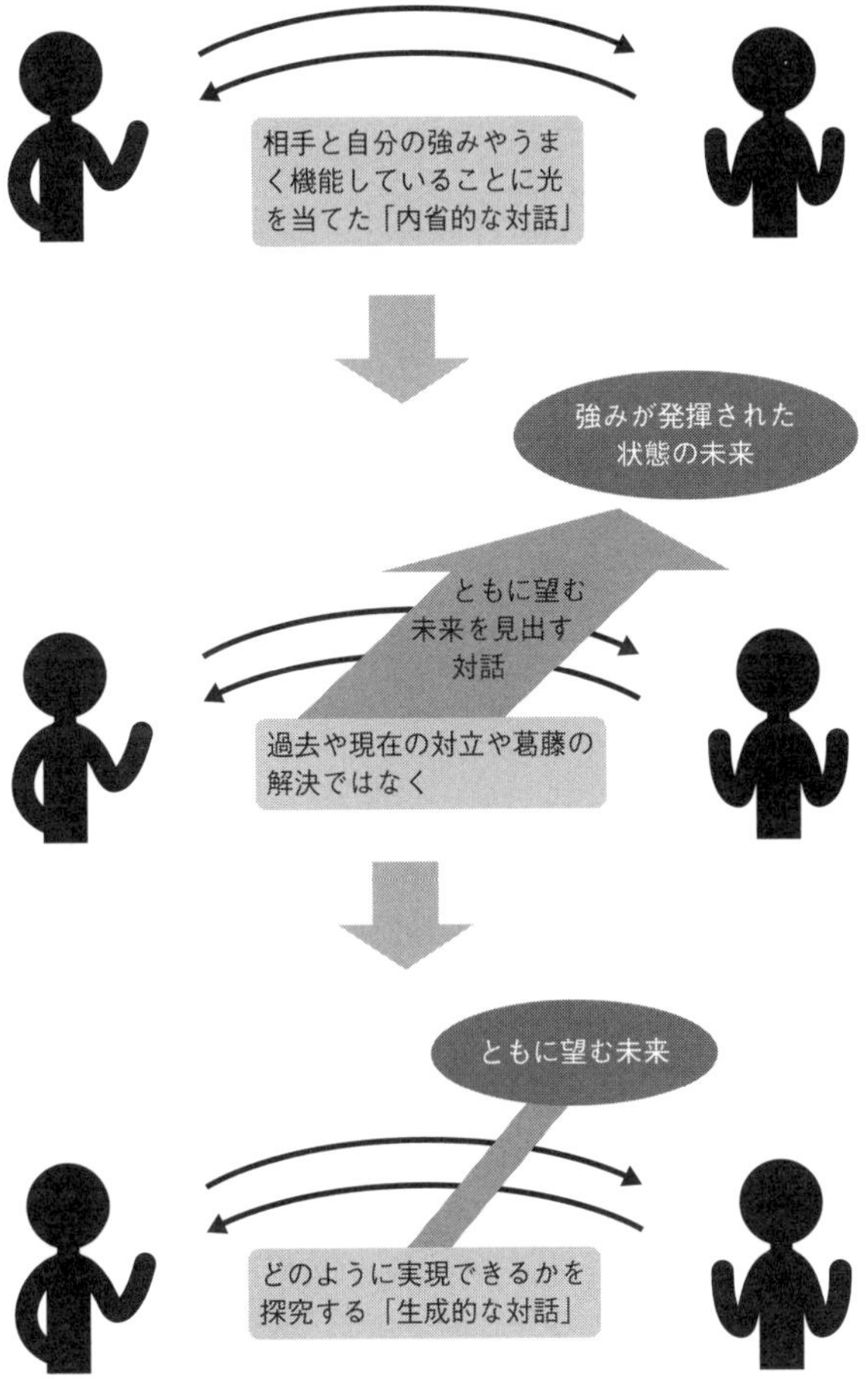

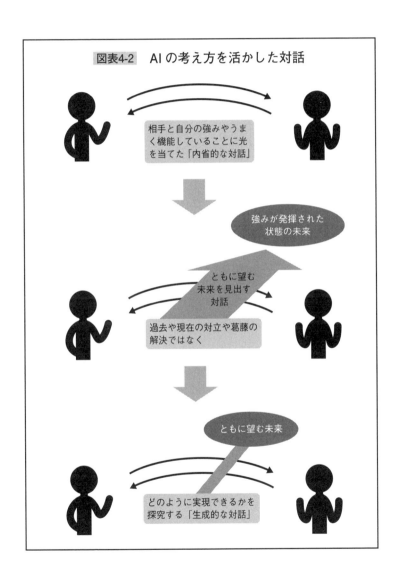

活性化しません。

ＡＩでは、一人ひとりの強みや潜在力、チームの強みを探究する対話をしていきます。多様性の高いチームの中での、人々の間にある違いを、葛藤や対立のもとになる壁と捉えるのではなく、**一人ひとりが異なる強みをもっている**と肯定的に捉えます。そして、お互いの強みや潜在力に光を当て、それらの**強みや潜在力を最大限に発揮させることができる可能性をともに探究**していきます。

この発想によって、お互いの間にある「違い」について、どちらが正しいかというやりとり（「討論」のレベル）から、お互いの強みを理解し共感しあう関わり（「内省的な対話」のレベル）に深化していきます。

相容れない人と協働するためには、過去や現在起こっている、お互いの間の対立や葛藤を解決しようとするのではなく、お互いの強みに光を当て、ともに望む未来を実現することを目指した対話をすることが大切になってきます。

Part 5

組織全体への広がりと深まり

Story5　対立から協働へ

えーと
エアコンの
入れ替えね……
ん？
おい
高橋！
ちょっと
来い！
この車内エアコン
フィルター交換
すりゃまだまだ
使えるぜ？
でもよ……
いいんですよ
新しいのと
交換で
お客さまが変えたいと
言ってるんですから
いいんです！
じゃ
忙しいんで！

コアチーム　定期ミーティング
相変わらず営業とエンジニアは仲が良くないですね
どの店もそうですよ
営業とエンジニアって合わないんですよ性格が全然違いますし
そうは言ってもエンジニアがいなければディーラーは成り立たないだろう

その通りです　営業とエンジニアの関係をよくしなければこの店舗の業績をさらにあげることは難しいでしょう
そのためには……
今回は診断型の組織開発を……
ボソッ
診断型だ
?
ところで――私たちはエンジニアが何を思っているのかちゃんと考えたことがあっただろうか?
それは……
えっと……

エンジニアと
営業の連携……
彼らの本音なら
以前にやった
フィードバック
ミーティングの
資料にあるのでは？
そっか
あのときの！
僕たち
営業の意見だけ
注目していたけど……
カタ
カタ
カタ
これですね
エンジニアの意見だけ
ピックアップします
パッ

エンジニアからの意見
・営業のほうがエラいと思っているのでは
・何でも「お客さまのため」と言って無理難題をやらせようとしてくる
・車検のときにシートやマットだけでも準備してほしい
・営業との間に壁を感じる
確かにこんな意見ありました
ちゃんと話してくれていたのに僕たちは……
……

いや
両者の溝を埋めるのは今からでも遅くはないはず
どうでしょう
丹羽さんにコアチームに入ってもらうのは
なるほど！丹羽さんはサービスのマネジャーですし適任です
でも……チームに入ってくれそうにないんですけど

そこで
店長の出番です
私たちのときのように
丹羽さんを説得して
ください
数日後
コアチーム？
あームリムリ
そういうのダメ

あんたたちで 勝手にやれば いいでしょう
しかし エンジニアとしての 意見も取り入れて……
そんなこと言って どうせオレらの意見は 通らないんでしょう?
……今までは そうだったかも しれません
でも それを変えるための コアチームなんです
……

悪いが……まだあんたのこと信用できないわ
……
わかりましたそう簡単に気持ちは変わりませんよね
関係者以外立入禁止
実はコアチームに入らないかと誘われてるんだ
えっ！
またあの店長の思いつきですか？
やめたほうがいいですよ
そうそう
どうせ営業はエンジニアの意見なんて聞かないですから

オレもはじめはそう思っていたんだが……
実際あの店長がきてから店の様子が変わってきているのも事実だ……
そういえば最近よく営業が集まって話し合いしてるの見ますね
あれは外回りの前後に顧客情報を交換しているんだそうだ
へー！
今までそんなこと絶対しなかったじゃないすか

そうなんだよ
だからオレは
あの店長を信じて
みようと思う
!!
エンジニアも
この店という
チームのメンバーだ
オレたちも
変わるときなんだ
……!
でも——
オレひとりが
がんばっても
限界がある
だから
みんなの力を
かしてくれ
頼む
わかりました!
やりましょう!

そうしたらまずどうする?
そうだなぁやっぱり……
たとえば……
店長
大賀自動車販売
TAIGA
TAIGA 大賀自動車販売
話があるちょっといいか
びくッ
……ハ、ハイ
STAFF ONLY

コアチーム……入る
じゃ そういうことだから
あっ あの……
――よろしくな
よろしくお願いします!

コアチーム・ミーティング
今日からチームに丹羽さんも加わります
よろしく
よろしくお願いします！
早速だけど
これからはエンジニアからもどんどん話しかけていくし意見も言わせてもらうよ
それはぜひお願いします！

そうだ じゃあ いつもやってる ミーティングにも 同席してください！
外回りにも 同行して くれますか？
よければこちらも 車の整備の様子を 見学させて いただきたい
おおお みんなまとめて いいぞ！
その後 営業とエンジニアとの 自主的な取り組みが 始まりました

Ｓｔｏｒｙ４までは、組織開発の取り組みは営業部門の中だけで行われてきました。営業部門での取り組みの成果が出てきた後、コアチームは店舗全体に視点を広げて、相変わらず問題がある、営業とエンジニアの関係に着手していきます。

グループや部署間、部門間の対立や葛藤は、いろいろな組織の中で起こっていることです。このＰａｒｔでは、グループとグループの間の対立や葛藤はどのように起こるのかを検討したうえで、対処する際の考え方を紹介していきます。

また、営業部門の中での取り組みが、営業担当者とエンジニアの関係に広がっていったように、組織開発の取り組みが展開されるとともに広がっていきます。その基本的な考え方についても、紹介していきます。

ストーリーの最後では、組織開発の取り組みの影響で、店舗の雰囲気が変わっていきました。大きく変わった点は、社員が対話を通してともに考え、自らアイデアを出し、自分たちで実行するようになったことです。この状態は**「自己組織化」**と呼ばれています。自己組織化の考え方や、組織開発の展開の深まりについても、あわせて検討していきましょう。

5-1 グループ間の協働を実現する

◆グループ間の対立・葛藤はどのようにして起こるのか

部署間や部門間でのコミュニケーションや連携は、なかなか難しい課題です。多くの組織において、部署や部門の間に壁があり、情報共有や連携ができていないという状況が起こります。

そして、もっと悩ましいのが、部署間や部門間の関係が悪い場合です。本書のストーリーでは、営業とエンジニアというグループの間に対立が起こっていました。多くの組織でも、たとえば、営業部と開発部の間、開発部のある部署とほかの部署の間、人事部と現場の間など、さまざまなグループの間で対人的な葛藤や対立が起こっているという話をよく耳にします。

グループ間の対立は、実際のコミュニケーションや行動が影響して起こることもありますが、**推測や想定によって意味づけされ、対立した状況がつくられている**場合もあります。

たとえば、本書のストーリーでは、「エンジニアたちは自分たちが営業に見下されていると感じている」というヒアリング結果がありました。おそらく、エンジニアたちがそのように感じた、きっかけとなる営業担当者の行動があったのでしょう（話しているときに、営業が「忙しいんで」と話を打ち切るなど）。しかし、そうしたきっかけとなる出来事があったこと以上に、その**きっかけとなる出来事をどのように解釈し、意味づけし、エンジニアの中で語られるか**が、関係がより悪化するような推測や想定が心の中でつくられることに影響します。

たとえば、エンジニア同士で「営業はすぐに『忙しい』と言う、オレたちのことを忙しくないと思っている。自分たちだけが忙しいと思っているのか？」「営業に何を言っても聞いてもらえない。オレたちのことを見下して、下働きだと思っている」などと雑談で話していたとします。するとそれが真実であるかどうかは別として、実際よりもより悪い意味づけがなされ、それが事実だと思い込むようになっていきます。

グループ間の関係では、**自分たちのことをより好ましく捉え、他のグループのことをより悪く捉えて思い込む傾向**があります。心理学では**「内集団びいき」**という現象として研究が行われています。お互いの間で起こった出来事をより悪く意味づけし、他方のグループに対する推測や思い込みが悪い方向に増大する傾向が人間にはあるということ

図表5-1　内集団びいきが起こるメカニズム

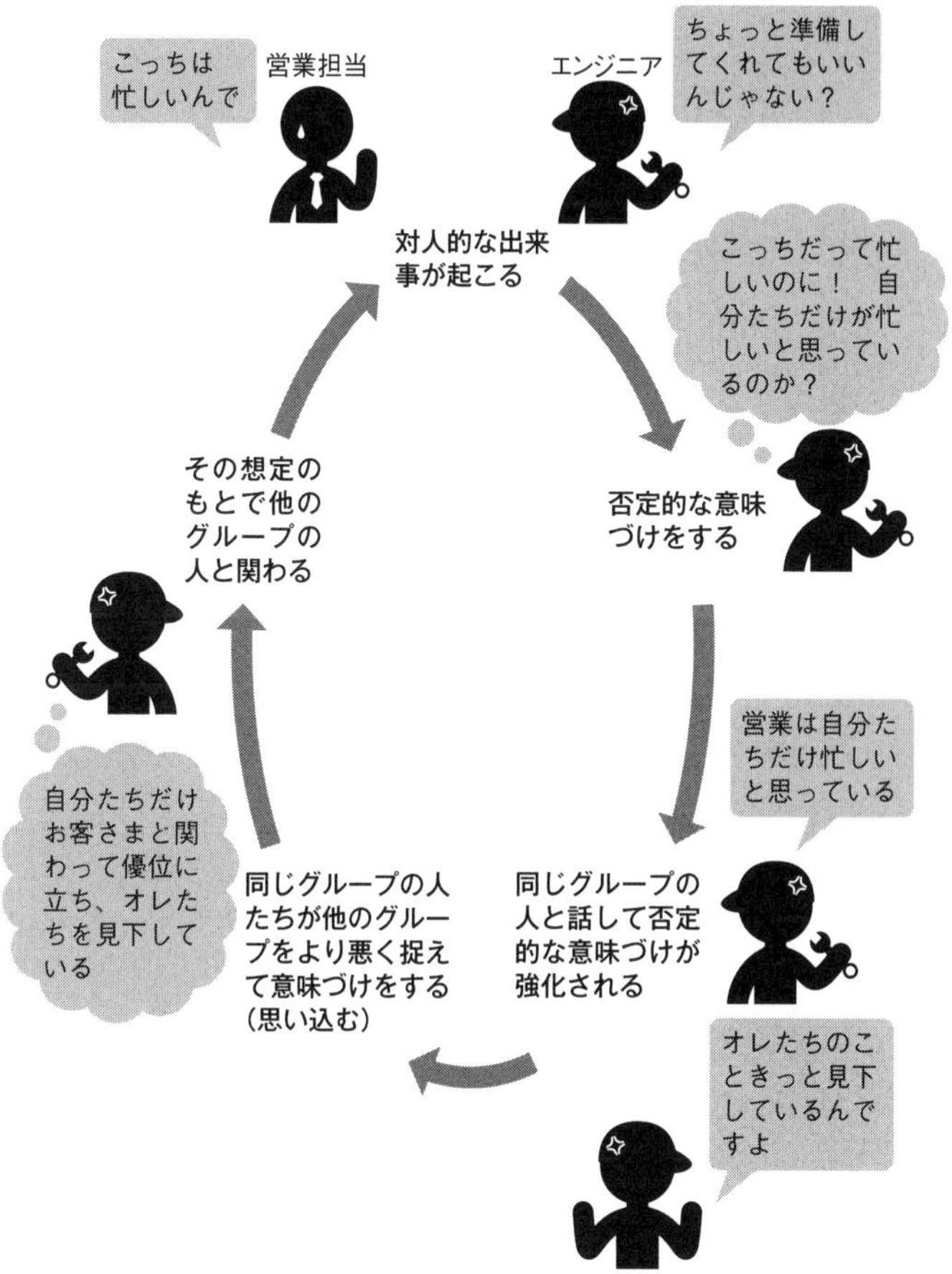

こっちは忙しいんで
営業担当
エンジニア
ちょっと準備してくれてもいいんじゃない？
対人的な出来事が起こる
こっちだって忙しいのに！　自分たちだけが忙しいと思っているのか？
否定的な意味づけをする
営業は自分たちだけ忙しいと思っている
同じグループの人と話して否定的な意味づけが強化される
オレたちのこときっと見下しているんですよ
同じグループの人たちが他のグループをより悪く捉えて意味づけをする（思い込む）
自分たちだけお客さまと関わって優位に立ち、オレたちを見下している
その想定のもとで他のグループの人と関わる

です。

このように**グループ間の関係は自然に悪化する可能性があるため、意図的に働きかけてグループ間の協働関係づくりに取り組む必要があります。**

◆グループ間の協働関係づくりの考え方

グループの間の悪化した関係を修復し、グループ間の協働関係づくりを行う際にも、**「対話」**が鍵となります。双方のグループのメンバーが同じ場に集い、自分たちが他のグループのメンバーに対してどのように感じているか、お互いの間で起こった出来事についてどのように意味づけを行っているかを対話することで、自分たちの推測や思い込みに気づいていける可能性が高まります。

たとえば、エンジニアが「営業は自分たちのことを見下しているように感じている」ことを営業に伝え、営業は実際にはどうなのかを語り、どのような場面でエンジニアはそのように感じたのかを対話していきます（＝**見える化**）。こうした対話を通して、営業は自分たちの行動がエンジニアにどのように影響したのかに気づき、エンジニアは自分たちがより悪いほうに推測し解釈していたことに気づくことができるかもしれません（＝**ガチ**

図表5-2　グループ間の問題に対する組織開発の進め方

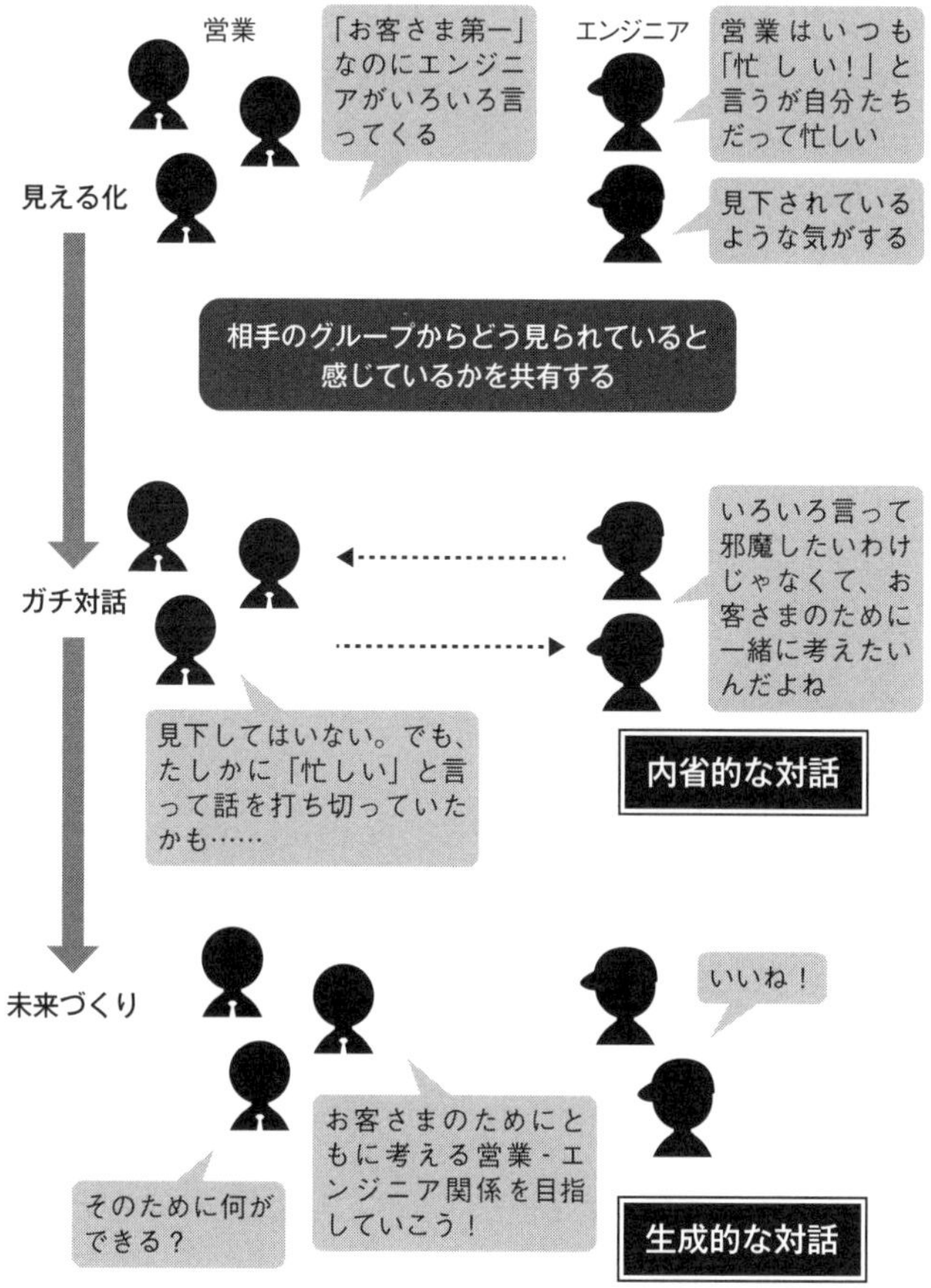

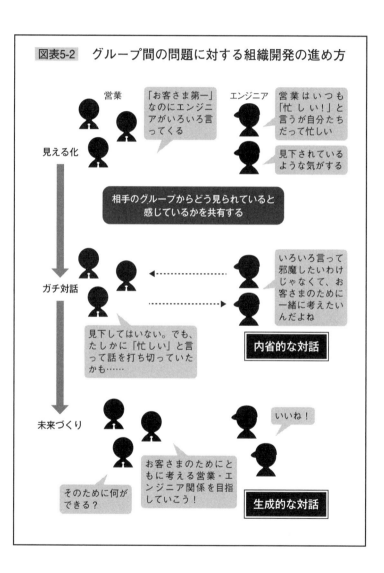

対話）。この段階では、自分たちのグループの見方や思いが正しいと考えるのではなく、お互いの見方や思いを共感的に聴く、「内省的な対話」に取り組む必要があります。対話を通してお互いの間で起こっていたことに気づいたうえで、双方がより協働していくために、どのような関係性を目指し、ともに何に取り組んでいくかを計画していくこと（＝**未来づくり**）で、グループ間の協働関係を築いていくことが可能になります。

進め方の基本は同じで、**〈見える化→ガチ対話→未来づくり〉**のステップをグループ間の問題に対して回していくことになります。

組織開発の推進のためのコアチームがある場合は、Ｓｔｏｒｙ５のように、双方のグループのメンバーでコアチームを構成し、グループ間の協働関係づくりに取り組むことも効果的です

5-2 職場や組織の発達・成長

◆自己組織化とは何か

Ｓｔｏｒｙ５の最後の場面では、店舗全体が活性化しています。社員みんなが店舗のことを考え、自分たちでアイデアを出しながら、新しい取り組み（車検手順の見える化、エンジニアの営業同行など）を自主的に実施しています（図表５‐３参照）。

組織開発の取り組みでは、職場や組織の人間的側面がうまく機能して協働関係が高まるとともに、自分たちで自主的・自律的に動き出し、必要があれば職場や組織のハードな側面も自分たちで変えていく状態になっていくことを目指します。**上司に指示されて動くのではなく、よくするための取り組みを、それに関係する人がチームとなって自主的に対話**（＝「生成的な対話」のレベル）**を通して考え、自ら動いていく状態**です。この状態は**「自己組織化」**と呼ばれています。

自己組織化は複雑性科学の用語で、**あるまとまりの中の多様な要素が相互作用により自発的にあるパターンを生み出していく**ことを指します。チームや組織の文脈では、多様な構成メンバーが関わり、対話することで、自発的な連携や取り組み、プロジェクトなどが生まれ、それらが実行されていくことを意味しています。

自己組織化された状態では、マネジャーは指示や承認をせず、何をするかのコントロールを手放します。しかし、マネジャーは責任を放棄して何もしないという訳ではありません。マネジャーの重要な役割は、**それぞれの自発的な動きを推奨し、見守り、必要なサポートを行う**とともに、**自らもメンバーと対話して〈見える化→ガチ対話→未来づくり〉をともに探究していく**ことです。

◆組織開発の深化と職場や組織の発達・成長

今回のストーリーの店舗における組織開発の取り組みを振り返っていきましょう。

現状についてのヒアリングとフィードバック・ミーティングの実施という、診断型組織開発の取り組みから始まりました（Ｓｔｏｒｙ１）。その後、コアチームが結成され（Ｓｔｏｒｙ２）、「教え合う関係性」を目指して

この店舗の組織開発の取り組みは、ヒアリングとフィードバック・ミーティングから始まった

図表5-3　自己組織化した職場や組織

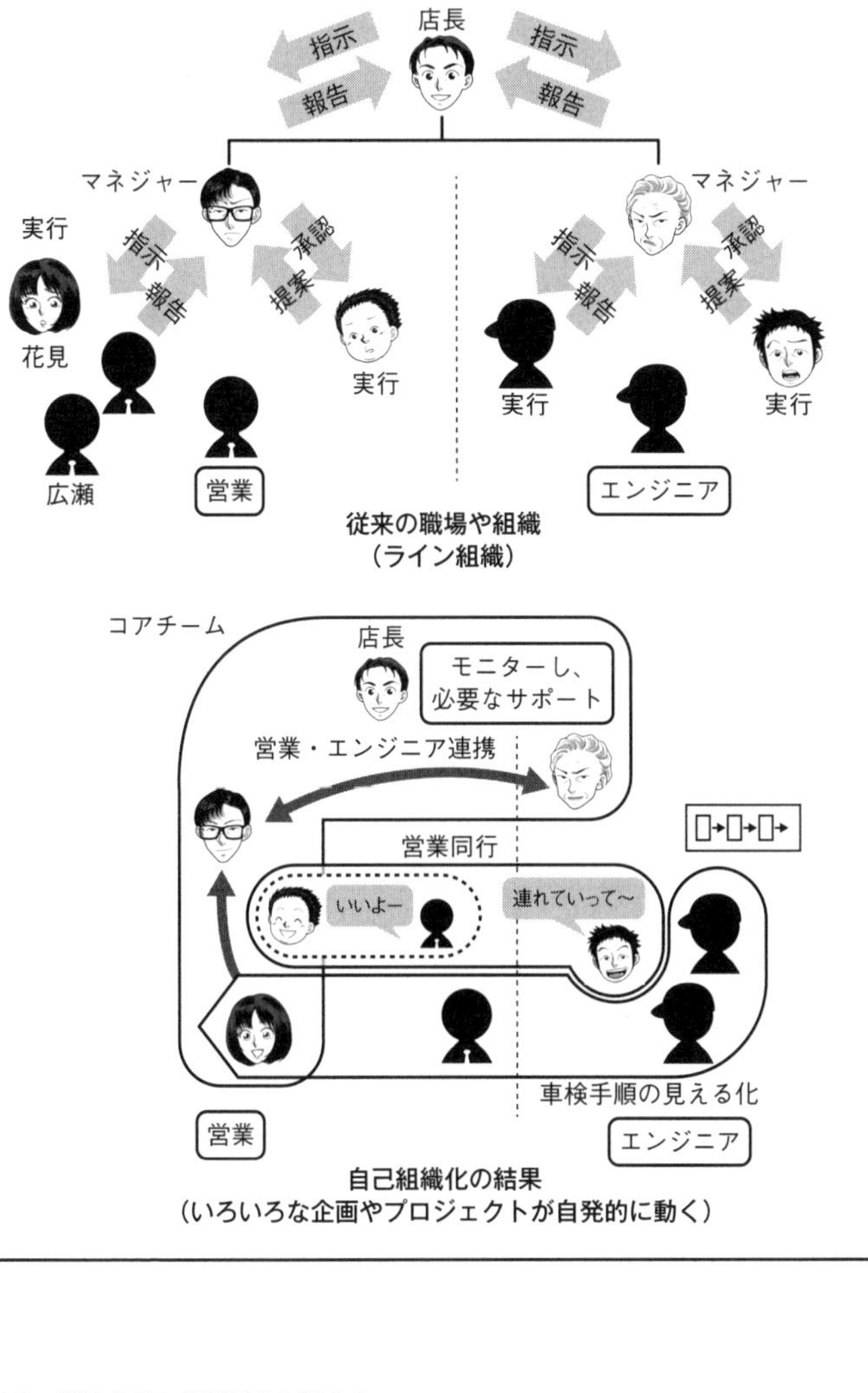

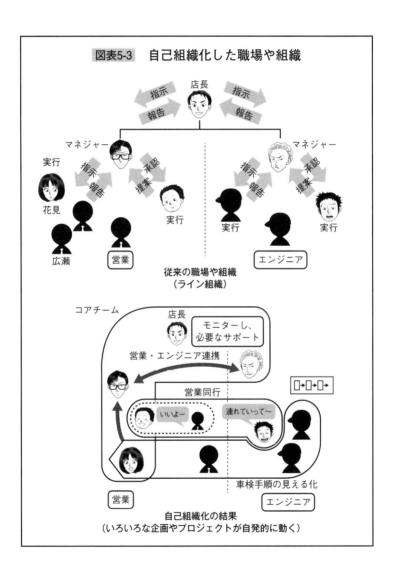

朝会が再開されました（Ｓｔｏｒｙ３）。そして、朝会を通して営業ノウハウを教え合うことや、チーム営業が導入されることによって、スキルや力が全体的に高まって効果的な営業ができるように変化しました。また、競争的な関係から相互サポートがなされる関係に変化していきました。このあたりは、**効果性と健全性が高まった時期**だと考えられます。

さらに、車検手順の見える化などのように、業務手順などのハード面の見直しが行われました。この段階では、自分たちで変えることができるハード面を革新していける、自己革新力が高まったと捉えられます。さらに、Ｓｔｏｒｙ５の最後と次のエピローグで見られるように、最終的にはいろいろな取り組みが自発的に行われる状態になり、自己組織化が起こっています。

Ｓｔｏｒｙ１で水科さんの支援を受けながら、組織開発の取り組みを始めた頃、魁さんは店舗がこのような自己組織化した状態になることを予想していなかったことでしょう。

Story5の最後では、「自己組織化」ともいえる状態が見られるようになった

この事例のように、組織開発の取り組みが深化することで、職場や組織の発達・成長のレベルが進化していきます。

その過程（試論）を図表5-4に示しました

①組織開発を開始した段階、②うまく機能していない段階、③人間的側面の効果性と健全性が徐々に高まる段階、④ハード面も自分たちで変えていく：自己革新力が高まる段階、⑤自己組織化の段階です。

図表5-4には、オットー・シャーマーたちのやりとりの4つのレベルも一番下に示しました（これも試論です）。図表5-4に示したように、組織開発の展開とともに、やりとりのレベルも変化していき、対話（**「内省的な対話」**と**「生成的な対話」**）が増えていきます。一方で、何かを決める際に必要な「討論」もある程度は必要になります。③人間的側面の効果性と健全性が高まった段階は中央に位置付けられていますが、途中だということを意味しているのではありません。③に至ること自体に大きな意味があり、組織開発の取り組みとして十分な成果があったと言えます。

この図は、組織開発に取り組み際に、どの段階までを目指すのかを考える目安として使ってください。

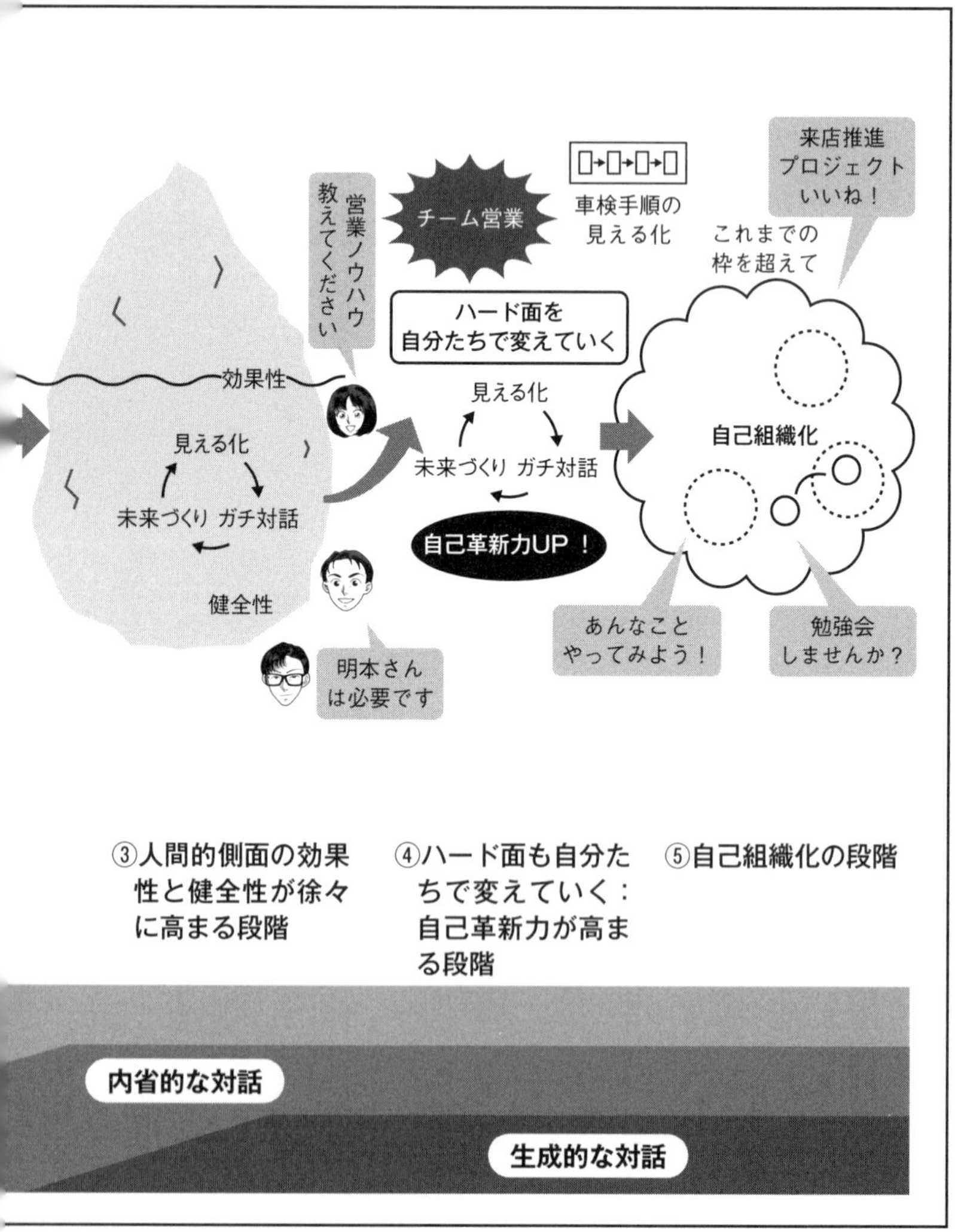

営業ノウハウ教えてください
チーム営業
車検手順の見える化
来店推進プロジェクトいいね！
これまでの枠を超えて
ハード面を自分たちで変えていく
効果性
見える化
未来づくり
ガチ対話
健全性
見える化
未来づくり
ガチ対話
自己革新力UP！
自己組織化
明本さんは必要です
あんなことやってみよう！
勉強会しませんか？
③人間的側面の効果性と健全性が徐々に高まる段階
④ハード面も自分たちで変えていく：自己革新力が高まる段階
⑤自己組織化の段階
内省的な対話
生成的な対話

図表5-4　組織開発の深化と職場や組織の発達・成長

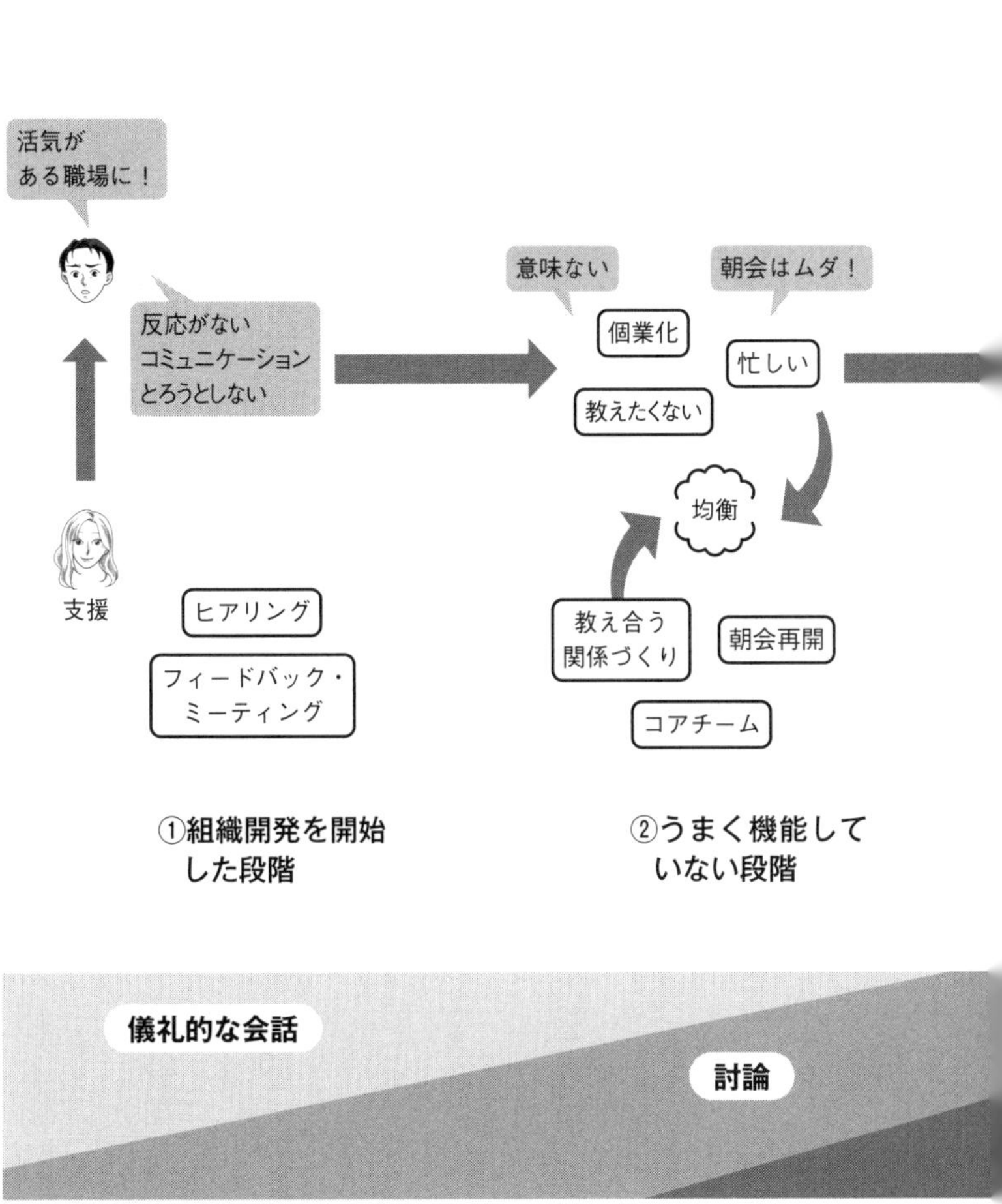

組織開発では、**いきなり大きな取り組みを行うのではなく、小さなところからスモールステップで始める**ことが肝心です。まずは、小さな範囲（身近なチームや職場）から始め、現状で起こっている問題に対する効果性と健全性が少しだけ高まることを目指すことが必要です。**小さな〈見える化→ガチ対話→未来づくり〉のサイクルを回し続ける**ことで、チームや職場、組織が徐々に発達・成長していきます。

◆絶え間ない対話と探究

組織開発の取り組みには終わりがありません。**職場や組織の人間的側面で起こっていることに対して、〈見える化→ガチ対話→未来づくり〉の小さなサイクルを日常的に回しながら、絶え間ない対話と探究をしていく**ことが組織開発の本質です。

組織開発の取り組みに終わりがないのは、**常に新たな「適応課題」が起こっている**ためです（それに気づかないことが多いですが）。職場に新しいメンバーを迎えるとき、役割が変わるとき、新しい仕組みや制度が導入されるとき、新しい業務課題に向き合うときなど、新しい何かが職場や組織の人間的側面に影響します。たとえば、職場に新しいメンバーを迎えるとき、「新しいメンバーはこの職場に適応できるだろうか」と考えやすいと思います。しかし、職場レベルから考えると、新しいメンバーを受け入れ、対話して協働していく職場の全員にとっての「適応課題」も同時に起こっています。新しいメンバーを迎えた職場の人間的側面で起こっていることに対して〈見える化→ガチ対話→未来づくり〉の小さなステップを回していくことで、新しいメンバーとともにチームとしてさらに協働していくことが可能になります。

職場やチームの現状について対話し探究する必要があるのは、新しいメンバーを迎えるときや、仕組みや業務の変化が起こったときだけではありません。同じことを繰り返していると、それに慣れてしまって、捉え方や意味づけ、考え方や行動が固定化します。すると、新しいアイデアや発想が生まれにくくなり、対話をすることが減り、また学習も難しくなります。このように、同じことを続けていて慣れてしまっているときも、現状について対話し探究する必要があります。

図表5-4の「⑤自己組織化」の段階に至ったとしても、それが組織開発の終着点ではありません。**自己組織化の状態が持続するための働きかけをさらに行うことで、自己組織化の状態が持続されます**。その働きかけも、基本的には〈見える化→ガチ対話→未来づくり〉のステップを回す、絶え間ない対話と探究なのです。

職場や組織のメンバーとの対話と探究を続けること、これが職場や組織の豊かな人間的側面（＝信頼関係や協働関係）を育むための「水やり」であり、「耕し」と言えます。

Epilogue 組織が変わる、ということ
ミーティングお願いします
丹羽さんがコアチームに入り営業とエンジニアがチームとなって動き始めました
今日行くお客さまは……
以前にも……
それなら今日はこんな
外回り行ってきます
はじめはお互いぎこちなかったのですがそれも次第に慣れ
そして——

大賀自動車本社
魁さんお久しぶりです！
ご無沙汰してます
3ヶ月前に営業とエンジニアが協働するようになったと聞きましたが……
はい丹羽さんがコアチームに入ってくれたおかげです
今ではエンジニアもミーティングに参加して顧客情報を共有したり
営業に同行するなどして
店全体がチームとして動くようになりました

スタッフから新プロジェクト案も出ていますし
ここ数ヶ月退職者・休職者はゼロですさらに業績もあがっています
よかったですね！
……思えば水科さんはいつも私に共感してくれていましたね
時に背中を押してくれて時に向き合ってくれて……
心強い頼りになる伴走者でした
あなたのおかげですこんなにみんなが……お店が変わるなんて思いませんでした

私は以前
魁さんには
目の前の人の心が
見えないと
言いましたね
ええ！
あれはショック
でした……
でも今は
みんなが……
お店が変わった
この事実が
今の魁さんに
人の心が
見えていることの
何よりの証拠です

……今なら はっきり言えます
自分たちの職場は 自分たちで 変えようとしないと 変わらないのですね
そのことに 気づかれたなら
これからは 何があっても 皆さんで乗り越えて いけますよ
大賀自動車販売
TAIGA
TAIGA
IN

おはよう!!
おはよー
おはようございます!
おはようございます
今日の朝会始めます!
はい!

おわりに

組織開発の実践には、①組織開発の幹となる考え方や姿勢、②組織開発の具体的な手法の理解と実践スキル、③職場や組織の人間的側面で起こっていることに気づく力と働きかける力、の3つのコアが必要だと私は考えています。

本書は、①組織開発の幹となる考え方や姿勢、について、特に「対話」と「協働」というキーワードを軸に紹介してきました。

「マンガでやさしくわかるシリーズ」は、ある理論や手法について構成されることが多いと感じています。それに対して本書は、いろいろな理論や手法をひとまとめとした、組織開発という〝傘〟のもとで、大切とされている考え方や姿勢を取り扱っていて、「マンガでやさしくわかるシリーズ」の中でも特異な存在ではないかと思います。

本書は、特に現場のマネジャー（現場の主任、係長、課長、部長）や、現場で組織開発を推進したいと思っている方（部門担当人事の方、組織開発を現場で取り組みたいと考えている方）に読んでいただきたいと願いながら、ストーリーを構成し、執筆しました。本書を読むことで、組織開発を通してどのように職場や人が変わっていくかのイメージをもつことができ、組織開発が以前よりも身近に感じられるようになったとしたら、本書のねらいが達成できたことの表れで、うれしく感じます。

一方で、職場で組織開発の取り組みをマネジャーや現場の人たちが実践していくためには、前述の②具体的な手法の理解と実践スキルや、③気づく力と働きかける力も必要となってきます。特に、③気づく力と働きかける力を高めるためには、実践をしてみて、経験から学ぶことが唯一の道です。本書を通して組織開発に関心をもってくださった読者の皆さま（特に現場のマネジャーや現場で働く人たち）が、組織開発をさらに学ぶために、ワークショップや研修などでいろいろな手法を学び、実践経験を通して力を高めていっていただけることを願っています。

最後になりますが、本書の執筆にあたり、編集の労をおとりくださった柏原里美さん、素晴らしいマンガを描いてくださった松尾陽子さん、マンガとストーリー制作でご協力いただいた浦田雅子さん、ストーリー構成にお知恵をくださった奥平淳さんに、心から感謝いたします。

中村　和彦

参考文献

・デヴィッド・ボーム（2007）『ダイアローグ――対立から共生へ、議論から対話へ』英治出版
・ジャーヴァス・ブッシュ、ロバート・マーシャク（編）（2018）『対話型組織開発――その理論的系譜と実践』英治出版
・ケネス・ガーゲン、ロネ・ヒエストゥッド（2015）『ダイアローグ・マネジメント――対話が生み出す強い組織』ディスカヴァー・トゥエンティワン
・リサ・ヘインバーグ（2012）『組織開発の基本――組織を変革するための基本的理論と実践法の体系的ガイド』ヒューマンバリュー
・ロナルド・ハイフェッツ（1996）『リーダーシップとは何か！』産能大学出版部
・ロナルド・ハイフェッツ、マーティ・リンスキー（2018）『新訳　最前線のリーダーシップ――何が生死を分けるのか』英治出版
・ロナルド・ハイフェッツ、マーティ・リンスキー、アレクサンダー・グラショウ（2017）『最難関のリーダーシップ――変革をやり遂げる意志とスキル』英治出版
・アダム・カヘン（2008）『手ごわい問題は、対話で解決する――アパルトヘイトを

解決に導いたファシリテーターの物語』ヒューマンバリュー
・加藤雅則（2017）『組織は変われるか――経営トップから始まる「組織開発」』英治出版
・中土井僚（2015）『マンガでやさしくわかるU理論』日本能率協会マネジメントセンター
・中原淳、中村和彦（2018）『組織開発の探究――理論に学び、実践に活かす』ダイヤモンド社
・中村和彦（2015）『入門 組織開発――活き活きと働ける職場をつくる』光文社
・小田理一郎（2017）『マンガでやさしくわかる学習する組織』日本能率協会マネジメントセンター
・小田理一郎（2017）『「学習する組織」入門』英治出版
・エドガー・シャイン（2012）『プロセス・コンサルテーション――援助関係を築くこと』白桃書房
・エドガー・シャイン（2009）『人を助けるとはどういうことか――本当の「協力関係」をつくる7つの原則』英治出版

著者プロフィール

中村 和彦（なかむら　かずひこ）

南山大学人文学部心理人間学科教授、同大学人間関係研究センター長。

専門は組織開発、人間関係トレーニング（ラボラトリー方式の体験学習）、グループ・ダイナミックス。アメリカのNTL Institute組織開発サーティフィケート・プログラム修了。NLTメンバー。

組織開発の実践者養成やコンサルティングを通して、さまざまな現場の支援に携わるとともに、実践と研究のリンクを目指したアクションリサーチに取り組む。

著書に『入門　組織開発』（光文社）、『組織開発の探究』（共著、ダイヤモンド社）、訳書に『対話型組織開発　その理論的系譜と実践』（英治出版）がある。

取材協力／横浜トヨペット株式会社
編集協力／MICHE Company, LLC
マンガ・カバーイラスト・本文イラスト／松尾 陽子

マンガでやさしくわかる組織開発

2019年8月10日　初版第1刷発行
2024年3月25日　第4刷発行

著　者 —— 中村 和彦

発行者 —— 張　士洛
発行所 —— 日本能率協会マネジメントセンター
〒103-6009　東京都中央区日本橋2-7-1 東京日本橋タワー
TEL　03(6362)4339(編集)／03(6362)4558(販売)
FAX　03(3272)8127(編集・販売)
https://www.jmam.co.jp/

装丁 —— ホリウチミホ（ニクスインク）
本文DTP —— 株式会社明昌堂
印刷所 —— シナノ書籍印刷株式会社
製本所 —— 株式会社三森製本所

ISBN 978-4-8207-3181-8　C2034
落丁・乱丁はおとりかえします。
PRINTED IN JAPAN